Bob Dylan

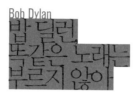

밥 딜런
또같은 노래는
부르지 않아

내가 **꿈**꾸는 사람 _ 뮤지션

초판 1쇄   2018년 11월 1일
초판 3쇄   2023년 11월 30일

지은이   서정민갑

책임편집   양선화
마케팅   강백산, 강지연
표지디자인   권석연
본문디자인   이정화
표지사진   Xavier Badosa
사진제공   위키피디아, 플리커

펴낸이   이재일
펴낸곳   토토북
주소   04034 서울시 마포구 양화로11길 18, 3층 (서교동, 원오빌딩)
전화   02-332-6255
팩스   02-6919-2854
홈페이지   www.totobook.com
전자우편   totobooks@hanmail.net
출판등록   2002년 5월 30일 제10-2394호
ISBN   978-89-6496-387-6 44990
© 서정민갑 2018

· 잘못된 책은 구입하신 곳에서 바꾸어 드립니다.
· '탐'은 토토북의 청소년 출판 전문 브랜드입니다.

내가 **꿈꾸는 사람** _ 뮤지션

Bob Dylan

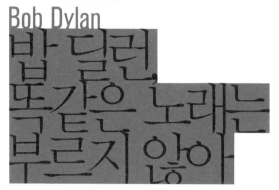

밥 딜런,
똑같은 노래는
부르지 않아

서정민갑 지음

팀

# 날마다 새롭게 자신을 더해 가는
# 수많은 밥 딜런에게로 가는 지도

언제 밥 딜런을 처음 만났는지, 언제 밥 딜런이 처음 내게 왔는지 정확하게 기억나지 않네요. 중학생 시절 끼고 살던 라디오에서 처음 들었을 가능성이 높은데요. 또렷하게 기억나지 않는 걸 보면 첫 만남이 그다지 인상적이지는 않았나 봐요. 사실 10대 청소년이 20년 전의 포크 음악을 들으며 감동받기는 쉽지 않을 거예요. 비틀스의 음악을 처음 들었을 때는 금세 반해 버렸지만 말이에요.

차츰 음악 마니아가 되면서 밥 딜런의 노래를 따라 부르기도 했는데요. 아는 노래는 밥 딜런이 젊은 날 발표한 히트곡이 대부분이었어요. 사람들이 밥 딜런에 대해 하는 이야기도 늘 똑같았어요. 포크 뮤지션이고, 저항적인 음악을 발표했고, 새로운 음악에 도전했다는 이야기뿐이었어요. 알고 보니 전부 1960년대부터 1970년대 초반까지의 밥 딜런 이야기더라고요. 밥 딜런은 아직 세상을 떠나지 않았고, 음악 활동을 멈추지 않았는데 사람들은 똑같은 이야기만 반복했어요. 저 역시 그렇게만 알고 있었죠. 그런데 1990년대 후반부터 발표하는 새 음반을 들으면서 생각이 달라졌어요. 밥 딜런은 옛날에 히트한 노래만 반복하는 뮤지션이 아니고, 날마다 자신의 모습을 새롭게 만들어 가는 예술가였어요.

밥 딜런이 노벨문학상을 받았을 때에도 많은 이들은 밥 딜런의 초기 음반들만 이야기했어요. 저는 그게 전부가 아니라고 말하고 싶었어요. 현실을 비판하고 시위에 참여하는 밥 딜런만이 아니라, 포크 록에 도전하는 밥 딜런만이 아니라 더 많은 밥 딜런을 이야기하고 싶었어요. 밥 딜런이 얼마나 노력하는 뮤지션인지, 밥 딜런이 얼마나 자유로운 뮤지션인지, 얼마나 많은 밥 딜런이 있는지 이야기하고 싶었어요.

밥 딜런은 요즘 유행하는 음악을 하는 '핫한' 뮤지션은 아니에요. 하지만 밥 딜런이 뮤지션이 되고, 스타가 되고, 거장이 되는 과정을 보면 생각하게 되고 배울 수 있는 면이 정말 많아요. 이 책은 그 많은 밥 딜런에게 다가가기 위한 지도예요. 밥 딜런에 대해 쓴 책이지만 밥 딜런처럼 오래오래 좋은 음악을 하고 싶은 이들에게 보내는 응원이기도 해요. 이 책을 지도처럼 읽으면서 밥 딜런의 삶을 되짚어 보세요. 밥 딜런이 노래와 삶으로 들려주는 이야기를 놓치지 않고 들어 보기 바라요. 밥 딜런이 어떻게 밥 딜런이 되었는지 살펴보면, 나는 어떻게 살아야 하는지 스스로 깨달을 수 있을 거예요. 그리고 나서 밥 딜런의 노래를 들으면 분명히 전과 다르게 들릴 거예요.

멋진 노래만큼 인상적인 삶을 살아가는 밥 딜런에게 고마움을 전하고 싶네요. 밥 딜런이 없었다면 그의 노래도 못 듣고 이 책도 쓰지 못했을 테니까요. 밥 딜런이 앞으로도 밥 딜런의 노래를 들려줄 수 있었으면 해요. 그리고 이 책을 쓰는 동안 계속 응원해 준 사랑하는 가족들에게도 고마움을 전하고 싶어요. 지금 이 책을 읽는 여러분에게도 고마워요. 밥 딜런의 노래가 여러분의 삶으로 이어져 또 다른 노래가 되었으면 좋겠어요. 그 노래를 함께 들을 수 있었으면 좋겠어요. 밥 딜런처럼 훌륭한 뮤지션이 되어도 좋겠고요. 뮤지션이 되지 않더라도 노래를 들으며 힘을 내고, 노래를 들으며 행복했으면 좋겠어요.

서정민갑

**작가의 말**
날마다 새롭게 자신을 더해 가는
수많은 밥 딜런에게로 가는 지도 004

**1**
Bob Dylan

**최고의 음악가이자
문학가의 탄생**

밥 딜런, 노벨문학상을 받다 012
시골 어린이 밥 딜런, 신나게 놀다 030
청소년 밥 딜런, 음악과 만나다 043

**2**
Bob Dylan

**내 삶과 내 우주를
담아낸 음악**

밥 딜런, 고향을 떠나다 060
밥 딜런, 뉴욕으로 향하다 082
밥 딜런, 첫 음반을 발표하다 093

## 3 흐르는 바람처럼 자유롭게
Bob Dylan

밥 딜런, 명반을 만들다 122

밥 딜런, 더 자유로워지다 141

밥 딜런, 새로운 시도를 멈추지 않다 159

## 4 밥 딜런 같은 뮤지션을 꿈꿨다면
Bob Dylan

그런데 음악이 뭐지? 184

뮤지션으로 산다는 것은 195

뮤지션이 되려면 어떻게 해야 할까? 199

포크 뮤지션이 궁금해? 207

음악에 빠져들게 하는 영화와 책들 219

최고의 음악가이자
문학가의 탄생

# 밥 딜런,
# 노벨문학상을 받다

나는 내 자신을 무엇보다 시인으로 여기고, 음악가는 그다음이다.
나는 시인처럼 살고 시인처럼 죽을 것이다.

밥 딜런

밥 딜런은 2016년 노벨 '문학상'을 수상했어요. 전 세계 쟁쟁한 작가 후보
들을 물리치고 뮤지션으로서 문학상을 수상한 것이다 보니 말들이 끊이지
않았어요. 그런데 정작 당사자인 밥 딜런만은 별로 놀라워하는 기색 없이
담담하게 받아들였어요. 어떻게 된 일일까요?

# 가수가 왜 문학상을 받았을까?

2016년 10월 30일 스웨덴 한림원의 노벨문학상 발표는 전 세계를 놀라게 했어요. 뮤지션 밥 딜런을 노벨문학상 수상자로 결정했기 때문이에요.

다들 한번쯤은 노벨문학상 이야기를 들어 봤을 텐데요. 노벨문학상은 노벨상 중 하나예요. 노벨상은 1901년부터 경제학, 문학, 물리학, 생리의학, 평화, 화학 6개 부문에 걸쳐 시상을 해 왔어요. 인류 문명의 발달에 공헌한 사람이나 단체가 상을 받았죠. 사실 우리나라에도 다른 나라에도 상은 많아요. 하지만 노벨상만큼 상금 규모가 크고, 100년 이상 꾸준히 유지한 상은 드물죠.

보통 상은 한 나라 안에서 주고받는데요. 노벨상은 인류 전체에 아울러 수상하면서 권위를 쌓았어요. 의미 있는 일을 해낸 과학자, 작가, 정치인, 사회운동가들이 꾸준히 상을 받으면서 널리 알려졌어요. 노벨상이 서구 중심의 상이라는 비판도 있지만요. 당연히 상을 받아야 할 이들이 계속 상을 받은 덕분에 다들 노벨상을 세계 최고의 상이라고 생각하게 되었어요. 한국에서도 오랫동안 노벨상을 받으려고 노력했어요. 2000년에 고 김대중 대통령이 노벨평화상을 받으면서 한국 최초의 노벨상 수상자가 되었어요. 아직까지는 이 수상이 유일해요.

최고의 음악가이자 문학가의 탄생

다른 노벨상을 받기 어려운 것처럼 노벨문학상도 쉽게 탈 수 있는 상이 아니에요. 노벨문학상은 문학상 중에서 특히 높은 권위를 갖고 있어요. 그동안 라빈드라나트 타고르Rabindranath Tagore, 1913년, 로맹 롤랑Romain Rolland, 1915년, 윌리엄 버틀러 예이츠William Butler Yeats, 1923년, 토마스 만Thomas Mann, 1929년, 유진 오닐Eugene Gladstone O'Neill, 1936년, 헤르만 헤세Hermann Hesse, 1946년, 앙드레 지드Andre Gide, 1947년, T. S. 엘리엇Thomas Stearns Eliot, 1948년, 윌리엄 포크너William Cuthbert Faulkner, 1949년, 어니스트 헤밍웨이Ernest Miller Hemingway, 1954년처럼 훌륭한 작가들이 상을 받고 더 이름을 떨치게 되었어요. 노벨문학상을 받은 작품들은 시대를 대표하는 작품이라는 영광을 얻었어요. 그리고 수상 작가들의 책은 즉시 베스트셀러가 될 정도로 인기를 끌었답니다. 노벨문학상을 받아야만 훌륭한 작품이라고 할 수는 없지만 그만큼 권위 있는 상이라는 뜻이에요. 한국 작가 중 노벨문학상을 받은 사람이 아무도 없다는 사실은 여러모로 서운한 일이에요.

그런데 작가들만 노벨문학상을 받지는 않았어요. 철학자나 정치인이 받기도 했어요. 그렇지만 음악인, 즉 뮤지션이 노벨문학상을 받은 적은 한 번도 없어요. 그러다 보니 다들 노벨문학상은 전문적으로 글을 쓰는 사람이나 책의 형태로 글을 써낸 사람에게만 주는 상이라고 생각했어요. 이제는 작가만 글을 쓰지 않고, 책으로 만들지 않은 글도 있는데 말이에요. 노래 가사도 글이고, 영화·

드라마 대본도 글이잖아요. 하지만 작사가나 영화·드라마 작가 중에서 노벨문학상을 받은 사람은 아무도 없어요. 노래 가사를 직접 쓰는 음악가들이 굉장히 많은데 그중에서 노벨문학상을 받은 사람도 없었어요. 노래 가사는 음악이라고만 생각하고, 문학으로 여기지 않았다는 의미예요. 음악과 문학은 다르다고 생각했기 때문이겠죠.

그런데 음악가 중에서 밥 딜런이 맨 처음 노벨문학상을 받은 거예요. 노벨문학상은 "이상(理想)적인 방향으로 문학 분야에서 가장 눈에 띄는 기여를 한 분께" 수상하라는 노벨의 유언으로 시작했으니까요. 밥 딜런의 노랫말이 "이상적인 방향으로 문학 분야에서 가장 눈에 띄는 기여를" 했다고 인정받은 거나 마찬가지겠죠.

## 귀를 위한 시를 쓴 사람

스웨덴에서 발표한 소식은 순식간에 전 세계로 날아갔어요. 전 세계 언론이 밥 딜런의 노벨문학상 수상 소식을 즉시 보도했답니다. 사실 노벨문학상을 발표하는 10월 말이 되면 전 세계 언론과 문학 팬들이 수상자 발표를 애타게 기다리곤 해요. 후보자 명단을 놓고 수상자를 예상해 보고, 내기를 하기도 하죠. 그렇지만 그해

최고의 음악가이자 문학가의 탄생

밥 딜런의 수상 가능성은 낮게 점쳐졌어요. 그랬기 때문에 밥 딜런의 수상 소식은 세계를 더 깜짝 놀라게 했어요.

한국에서도 즉시 밥 딜런 소식이 텔레비전, 라디오, 신문, 인터넷을 도배하다시피 했어요. 많은 이들이 신선한 충격을 받았어요. 언론에서는 재빨리 음악 평론가들과 문학 평론가들에게 인터뷰해서 의견을 물었고요. 음악가들도 이야기를 쏟아 냈어요. 트위터와 페이스북에서도 많은 이들이 의견을 내놓았죠. 어이없어하거나 당혹스러워하는 이들은 별로 없었어요. 음악가가 노벨문학상을 받았다는 사실이 특별하기는 하지만, 밥 딜런이라면, 다른 사람 말고 밥 딜런이라면 노벨문학상을 받을 수도 있다고 생각했기 때문이에요. 대부분 밥 딜런의 수상을 축하하는 분위기였어요. 밥 딜런 관련 책과 음반들도 다시 팔리기 시작했어요. 이번 수상을 계기로 다른 뮤지션들도 노벨문학상을 받으면 좋겠다고 생각했고요. 대중음악을 좀 더 소중하고 의미 있게 여기는 계기가 되기를 바랐죠. 대중음악계로서는 엄청난 경사였으니까요. 한국의 문학 평론가 정과리는 "밥 딜런은 음유 시인의 전통을 충실히 이어받고 그걸 발전시킨 사람이니, 노벨문학상을 받을 만한 충분한 이유가 있다."라고 얘기했어요. 대중음악 평론가 임진모 역시 "딜런의 여러 업적 중 으뜸은 대중음악 가사의 수준을 상상 이상으로 끌어올린 것"이라고 의미를 부여했어요.

스웨덴 한림원의 사라 다니우스Sara Danius 사무총장은 수상 발표 직후 인터뷰에서 이렇게 말했답니다. "밥 딜런은 귀를 위한 시를 쓴다." 근사한 표현이죠? 밥 딜런의 노랫말이 노래이지만 시와 다름없다고 문학성을 인정한 거예요. 한림원에서는 이렇게 말했어요. "밥 딜런이 가수이자 송라이터이기 때문에 노벨문학상을 받은 일이 화제가 되어서는 안 된다. 먼 옛날 시는 노래가 되곤 했다." 밥 딜런은 좋은 리듬을 만들었고, 모든 사람들이 소유하고 싶어 하는 확신의 힘으로 사랑 노래를 불렀다고 평가했죠. "밥 딜런은 낭만주의 시대 이후 잃어버린 높은 스타일의 시 언어로 돌아왔"고, "밥 딜런 노래의 아름다움이 가장 높은 순위"라고도 했어요.

사라 다니우스 사무총장의 극찬은 더 이어져요. "밥 딜런은 밀턴John Milton과 블레이크William Blake로 이어지는 영어권 전통 속에서 위대한 시인이며, 항상 자신을 쇄신하고 새로운 정체성을 창조하고 있다." "2,500년 전에 쓰인 호메로스Homeros와 사포Sappho의 시를 지금까지 읽고 우리가 그것을 즐긴다면 밥 딜런의 노랫말 또한 읽을 수 있고 읽지 않으면 안 된다." 밥 딜런의 노랫말이 서구의 문학 전통과 맞닿아 있을 뿐만 아니라 새롭게 창조하는 중요한 작품이라는 엄청난 의미를 부여한 거죠.

덧붙여 한림원에서는 "포크 가수 우디 거스리Woody Guthrie 같은 음악가들뿐 아니라 잭 케루악Jack Kerouac 같은 초기 비트 세대 작가들

최고의 음악가이자 문학가의 탄생

과 딜런 토머스Dylan Marlais Thomas 등의 현대 시인들한테서도 많은 영향을 받았으며, 훌륭한 미국 음악 전통 안에서 새로운 시적 표현을 창조해 낸, 딜런에게 노벨문학상을 수여한다."라고 했어요. 결코 가볍게 내린 결정이 아니라는 뜻이에요.

밥 딜런은 세계적인 뮤지션이고, 그의 노랫말은 오래전부터 훌륭하다고 평가받곤 했어요. 사실 1996년부터 노벨문학상 후보로 지명되었죠. 미국의 문학예술원에서 시인 앨런 긴즈버그Allen Ginsberg가 추천했답니다. 앨런 긴즈버그는 미국에서 비트Beat족* 이라는 문화 흐름을 이끈 유명한 시인인데요. 미국의 대시인이 밥 딜런을 추천했다는 것만으로도 밥 딜런이 작가들에게 인정받았다는 사실을 알 수 있어요.


## 작가들에 대한 모독이다!

밥 딜런의 노랫말은 노벨문학상 후보가 되기 전부터 빼어나다는 이야기를 들었어요. 밥 딜런이 가사를 쓴 〈Mr. Tambourine Man〉은 미국 고등학교와 대학 문학 교과서로 쓰이는 《노턴 인트

● **비트족** 1950년대 미국의 경제적 풍요 속에서 개개인이 거대한 사회 조직의 한 부속품으로 전락하는 것에 저항한 집단. 주로 민속 음악을 즐기며 전원생활을 추구했다.

로덕션 투 리터러처Norton Introduction To Literature》에 실렸을 정도예요. 이제는 한국에서도 〈얼굴〉이나 〈마법의 성〉처럼 대중음악인이 쓴 노래가 음악 교과서에 실리고 있지만, 아직 문학 교과서에 실린 경우는 없어요. 밥 딜런이 미국에서 얼마나 인정받고 있는지 알 수 있죠? 밥 딜런의 노랫말은 책 한 권으로 묶여 출판되기까지 했어요.

밥 딜런은 노래 가사만 쓰지는 않았어요. 소설 〈타란툴라 Tarantula〉도 쓰고, 자서전도 썼죠. 25살이었던 1966년에 자신의 유일한 소설 〈타란툴라〉를 쓸 정도로 문학에 관심이 많았어요. 그래서인지 미국 프린스턴 대학과 영국 스코틀랜드 세인트앤드루스 대학에서는 1970년과 2004년에 밥 딜런에게 명예 학위를 수여했답니다. 명예 학위는 특정 분야에서 의미 있는 업적을 쌓은 이들에게 수여하곤 하는데 그걸 두 번이나 받은 거죠. 미국 여러 대학에서는 '밥 딜런 시 분석'이라는 강의가 열리기도 했어요.

2004년 밥 딜런에게 명예 학위를 수여한 세인트앤드루스 대학 총장 브라이언 랭은 밥 딜런에 대해 이렇게 평가했어요. "밥 딜런은 20세기의 상징적 인물이며, 특히 1960년대와 1970년대에 내면이 형성된 사람들에겐 더욱 그러하다. 그의 노래 가사는 우리의 의식 일부로 남아 있다." 그만큼 위대한 인물이고, 많은 이들에게 영향을 미쳤다는 의미죠. 밥 딜런이 휘트먼Walt Whitman 같은 대

최고의 음악가이자 문학가의 탄생

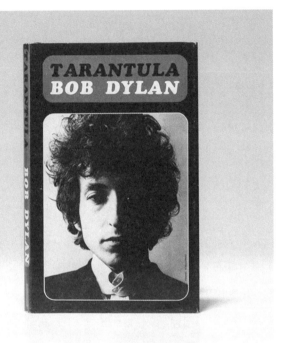

밥 딜런이 쓴 소설《타란틀라》

시인이라고 주장한 교수도 있고, 밥 딜런의 시를 셰익스피어William Shakespeare와 T. S. 엘리엇의 작품 다음에 놓고 싶다고 말한 교수도 있을 정도예요. 어쩌면 밥 딜런은 반드시 노벨문학상을 받아야 할 사람이었는지 몰라요.

그렇다고 모든 작가와 비평가들이 밥 딜런의 작품을 칭찬하지는 않았어요. 미국의 유명 작가 노먼 메일러Norman Mailer는 "밥 딜런이 시인이면 난 농구 선수"라고 비아냥거리기도 했으니까요. 사람들 생각은 참 많이 다르죠?

사실 대중음악의 역사를 살펴보면 밥 딜런 말고도 비틀스The Beatles나 레너드 코헨Leonard Cohen처럼 좋은 노랫말을 썼다고 인정받은 뮤지션들은 많아요. 그래서 좋은 노랫말을 들으면 시 같다고 말하기도 하죠. 하지만 그 뮤지션들 중 누구도 노벨문학상을 받지는 못했어요. 그러다 보니 밥 딜런도 여러 번 노벨문학상 후보가되었지만 그러다 말 줄 알았죠.

노벨문학상이 처음으로 음악가에게 상을 주자 해외 문학계에서도 이런저런 이야기들이 쏟아져 나왔어요. 밥 딜런과 함께 노벨문학상 후보였던 살만 루시디Salman Rushdie, 조이스 캐럴 오츠Joyce Carol Oates 같은 대작가들은 축하를 보냈어요. 세계적인 영국 소설가 살만 루시디는 "그리스 신화의 오르페우스Orpheus부터 노래와 시는 긴밀하게 연결되어 왔다. 딜런은 음유 시인 역사의 찬란한 상속인이

다."라고 소셜미디어에 축하했고요. 미국 소설가 조이스 캐럴 오츠는 "딜런의 음악은 아주 깊은 의미에서 '문학적'이었다."라고 했어요. 장르 소설의 대부인 스티븐 킹Stephen Edwin King도 "추잡하고 슬픈 시즌에 한 가지 멋지고 좋은 선택"이라고 찬사를 보냈답니다. 자신들이 상을 받진 못했지만 음악가라고 무시하지 않았어요.

반면 영국 작가 하리 쿤즈루Hari Kunzru는 트위터에 "오바마Barack Obama에게 부시George W. Bush와 다르다고 노벨평화상을 준 이래로 가장 믿기 힘든 노벨상 수상"이라고 놀라워했고요. 미국 작가 제이슨 핀터Jason Pinter는 자신의 트위터에 "밥 딜런이 노벨문학상을 받으면, 스티븐 킹은 로큰롤 명예의 전당에 올라야 한다."라고 조롱했어요. 프랑스의 소설가 피에르 아술린Pierre Assouline도 독설을 퍼부었어요. "밥 딜런이 노벨문학상 수상자 후보로 오르긴 했지만 우리는 진담으로 생각하지 않았다. 이번 선정은 작가들에 대한 모독이다. 나도 딜런은 좋아하지만, (작품은) 어디에 있지? 스웨덴 한림원이 스스로 치욕의 역사를 만들었다."고요. 1990년대 선풍적인 인기를 끌었던 영화 〈트레인스포팅Trainspotting〉의 원작 소설가 어빈 웰시Irvine Welsh도 거들었어요. "나는 딜런의 팬이지만 이번 수상은 늙고 알 수 없는 말을 지껄이는 히피의 썩은 전립선에서 짜낸 향수병에 주는 상"이라고요. 워낙 큰 상이고, 전례가 없는 수상이라 반발이 적지는 않았던 거 같아요. 그럼에도 미국 대통령 오바마는 소셜미디어에 "내가 사랑하는 시인들 중 한 명인 밥 딜런에게 축하를 보낸다, 노벨상을 받을 만하다."라고 축하 메시지를 남겼어요.

## 선약 때문에 시상식에 못 갑니다

사실 2016년에는 일본의 유명 작가 무라카미 하루키Murakami Haruki가 노벨문학상을 받을 거라는 예측이 꽤 많았어요. 그런데 스웨덴 한림원은 밥 딜런의 손을 들어 준 거죠. 그래서 더 큰 화제가 되고 더 많은 이들의 이목이 집중될 수밖에 없었어요. 원래 큰 사건이 일어나면 다들 이러쿵저러쿵 한마디씩 하잖아요.

정작 주인공 밥 딜런은 묵묵부답이었어요. 이렇게 많은 말들이 오가는데 주인공만 조용했어요. "큰 상을 줘서 영광이다. 정말 고맙다. 앞으로도 좋은 작품을 만들기 위해 노력하겠다." 같은 의례적인 인사도 없었어요. 스웨덴 한림원에서는 2시간 반 만에 겨우 밥 딜런의 매니저와 통화했을 뿐이라고 해요.

노벨문학상 발표 이후 2주가 다 지나가도록 밥 딜런은 아무 말도 하지 않았어요. 이쯤 되자 사람들은 밥 딜런이 수상을 거부하거나, 시상식장에 나타나지 않는 게 아니냐는 이야기를 하기 시작했어요. 좀 심하다고, 예의가 없다는 반응도 나왔어요. 한림원 회원인 스웨덴 작가 페르 베스트베리Per Wastberg는 밥 딜런을 무례하다며 꾸짖기도 했어요. 노벨문학상의 상금은 800만 크로네, 한국 돈으로 10억 원이나 된답니다. 물론 상금으로 대신할 수 없을 만큼 엄청난 영광이기도 하지만요.

다행히 밥 딜런의 수상 소감은 2주 후에 들을 수 있었어요. 밥 딜런은 제작자를 통해서 수락 의사를 밝혔다고 해요. 밥 딜런은 한림원의 사라 다니우스 사무총장이 전화했을 때, "상을 받을 거냐고요? 당연하죠."라고 답했어요. 영국의 일간지 〈텔레그래프〉를 통해, 수상을 믿을 수 없었다고 뒤늦게 변명하며 짧게 소감을 밝혔답니다. 시상식에 가능하면 참석할 것이라고도 했어요. 왜 스웨덴 한림원의 연락을 받지 않았냐는 질문에는 "글쎄요. 난 여기에 있는데요."라고 쿨한 대답을 남겼어요. 독특하죠?

하지만 밥 딜런은 그해 12월 10일에 열린 노벨상 시상식에 끝내 나타나지 않았어요. 선약이 있기 때문이라면서 말이죠. 선약 때문에 노벨상 시상식에 참석하지 않다니! 정말 드문 일이었어요. 그동안 노벨상 수상을 거부한 사람들이 있긴 했지만, 선약 때문에 못 오겠다고 한 사람은 밥 딜런뿐일 거예요. 밥 딜런은 해를 넘긴 2017년에야 노벨상을 따로 받았어요. 그나마도 스웨덴 스톡홀름에 공연을 하러 간 김에 공연장 인근 호텔에서 받았다고 해요. 이

또한 공개 행사가 아니라 스웨덴 한림원 관계자와 극소수만 참여한 비공개 시상식이었어요. 시상식 사진도 공개하지 않았죠. 밥 딜런은 상을 받고 나서 예정대로 스톡홀름 워터프론트에서 공연을 했는데요. 공연이 끝날 때까지 노벨상 얘기는 한 마디도 안 했다고 해요.

밥 딜런은 정말 보통 사람들과는 많이 다르죠? 보통 사람이라면 노벨상을 받는다면 엄청 기쁠 것 같잖아요. 즉시 고맙다고 소셜미디어에 소감을 쓰고, 들뜬 얼굴로 인터뷰하고, 방송에도 출연하지 않을까요? 책이 많이 팔릴 테고, 당연히 교과서에 실리는 유명인사가 되어 여기저기 다니며 강연도 하지 않을까요? 노벨상은 그만큼 엄청난 상이니까요. 노벨상을 받으면 더 유명해지고, 더 많은 인기와 수입과 영향력을 누릴 수 있을 테니까요.

하지만 밥 딜런의 행동은 우리의 예상과 완전히 달랐어요. 밥 딜런은 노벨상 수상자들이 반드시 내야 하는 수상 소감 격의 강연 원고도 뒤늦게 냈다고 해요. 대개 노벨상 수상자들은 시상식에 참석하고, 미리 심사숙고해 준비한 수상 소감으로 강연을 대신하는데요. 밥 딜런은 공식 시상식에도 참석하지 않았을 뿐만 아니라, 자신의 수상 소감 강연을 녹음해서 스웨덴 한림원에 보냈다고 해요.

왜 밥 딜런은 노벨문학상을 받을 만큼 높은 평가를 받으면서 보통 사람들과 다른 행동을 했을까요? 밥 딜런은 어떤 사람이길래 보통 사람은 받고 싶어도 못 받는 노벨상을 받고도 마지못해 받는 것처럼 시큰둥한 반응을 보였을까요? 왜 그런데도 밥 딜런은 그럴 만하다고 다들 이해할까요? 노벨문학상이 밥 딜런의 이름을 불렀을 때 그가 수상을 거부할 수도 있다고 예상한 사람들이 꽤 많았거든요. 그나마 노벨상을 거부하지 않은 게 다행이라는 말을 듣는 그는 어떤 사람일까요? 밥 딜런이 어떤 일을 했고, 어떻게 살아왔길래 이런 반응이 나올까요? 그렇게 독특한 사람인데도 노벨상을 준 이유는 무엇일까요? 밥 딜런이 그렇게 남다른 인생을 사는 이유는 뭘까요?

이제 그 이야기를 시작해 볼게요. 뮤지션이자 작가이고 화가이며 스타이자 자유인인 밥 딜런의 이야기를. 자기 인생의 주인인 밥 딜런의 이야기를.

# 노랫말이 왜 그렇게 중요할까?

**남다른 표현으로 감정과 생각을 전하다**

밥 딜런은 뮤지션으로서는 처음으로 노벨문학상을 받았죠. 싱어송라이터 밥 딜런이 직접 쓰고 부른 노랫말이 "미국 음악의 전통 안에서 새로운 시적 표현을 창조해 냈다."라는 평가를 받을 만큼 훌륭하기 때문이에요. 음악은 멜로디, 리듬, 사운드, 톤, 화음을 비롯한 소리로 표현하는데요. 거기에 가사를 통해 더 깊고 풍부한 의미를 표현하는 음악들이 있어요. 노래가 있는 음악들이에요.

　노래에는 노랫말이 있죠. 노랫말이 있으면 멜로디나 리듬만 있는 음악보다 구체적으로 표현할 수 있어요. 노랫말이 있으면 언제 어디서 무슨 일이 어떻게 일어났고, 그래서 내 마음과 생각이 어떤지 자세히 이야기할 수 있으니까요. 세세하게 표현할 수 있다는 점이 문자 언어의 장점이에요.

　그런데 문자 언어는 느낌이나 사실만 표현하는 데서 끝나지 않아요. 문자 언어가 사실이나 느낌만 표현한다면, 시나 소설 같은 문학은 필요하지 않을 거예요. 가령 마음이 슬플 때 항상 "나는 슬퍼요."라고만 말하면 될 테니까요. 물론 그렇게 이야기해도 내가 슬픈 감정에 휩싸여 있다는 사실을 알 수 있지만 내가 느끼는 슬픔이 어느 정도인지 정확하게 공감하

신철규 시집
《지구만큼 슬펐다고 한다》 표지
ⓒ 문학동네

기는 힘들어요. 그래서 문학에서는 비유 같은 표현 방법을 활용해요. 예를 들어 신철규 시인의 시집 제목처럼 〈지구만큼 슬펐다고 한다〉라고 표현하는 거죠. 이렇게 표현하면 내가 느끼는 슬픔의 무게가 얼마나 크고 무거운지 실감할 수 있어요. 그냥 슬프다고 말할 때와 느낌이 달라요. 좋은 글은 이렇게 남다른 표현으로 글쓴이의 감정과 생각을 읽고 듣는 이들에게 생생하게 전달하죠.

## 시인들도 감탄하는 대중가요 가사

노래에서도 마찬가지예요. 좋은 노랫말은 멜로디와 리듬 등으로 말하지 못한 마음과 생각, 사실을 더 선명하게 느끼게 해 줘요. 사실 대중음악뿐 아니라 동요, 민요, 종교 음악, 클래식 등에도 좋은 노랫말은 무척 많은데요. 시나 산문 같은 문학 작품에서 자극받기도 하고, 더 효과적으로 표현하려고 고민했기 때문이에요. 그 과정에서 실제

아름다운 노랫말을 직접 쓰는 것으로 유명한 국내 뮤지션 이소라의 〈바람이 분다〉 수록 앨범 [눈썹달]

시인이 쓴 시를 노래로 만들기도 했고요. 작가들이 보기에도 깜짝 놀랄 만큼 훌륭한 표현을 한 노래가 나오기도 했어요. 가령 이소라의 노래 〈바람이 분다〉의 "추억은 다르게 적힌다." 같은 표현은 작가들도 시와 비교해 손색이 없다고 칭찬했어요.

밥 딜런이 노벨문학상을 받은 이유도 밥 딜런의 노랫말이 언어 예술 가운데 가장 수준 높다는 시나 소설만큼 완성도가 높기 때문이에요. 그런데 밥 딜런은 근사하게 표현하는 능력만 있었던 게 아니에요. 말과 글을 능숙하게 다루는 사람은 굉장히 많아요. 노래를 잘하는 사람이 많은 것처럼 말이에요.

밥 딜런은 하고 싶은 이야기를 남다르면서도 생동감 있게 표현해 냈을 뿐만 아니라, 다른 노래에서 잘 다루지 않았던 이야기를 했다는 점이 중요해요. 대중음악

에서 가장 흔한 이야기는 사랑과 이별 이야기인데요. 밥 딜런은 사랑과 이별 이야기만 하지 않았어요. 밥 딜런은 지금 세상에서 살아가는 사람들의 다양한 모습을 노래했어요. 키 크고 잘 생기고 예쁘고 돈 많고 행복한 사람들 이야기만이 아니라 가난하고 불행한 사람들을 노래했어요. 자신이 원하지 않았는데도 사회의 그늘로 내몰린 사람들을 노래에 담았고요. 살면서 느끼고 고민하고 갈등하는 모습도 비교적 숨기지 않고 드러냈어요. 그렇게 해서 밥 딜런은 노래가 얼마나 다양한 주제를 자유롭고 멋지게 표현할 수 있는지 보여 주었어요. 밥 딜런이 멋진 노랫말을 지어 부르면서 노래, 그중에서도 포크 음악, 미국 대중음악이 문학적으로 가치가 있고 예술적이라는 사실을 부정할 수 없게 되었어요. 밥 딜런의 노래는 노래를 듣고 읽는 이들이 만나지 못했던 사람들의 삶을 느끼게 했거든요. 밥 딜런의 노래로 대리체험한 이들은 밥 딜런만큼 보고 듣고 느끼고 생각할 수 있게 되었어요. 밥 딜런과 똑같이 느끼고 생각하지는 못하더라도 밥 딜런의 노래를 듣지 않았다면 알지 못하고 느끼지 못했을 상황과 감정을 체험하게 된 거예요. 밥 딜런의 노래를 들은 이들은 세상에 대해, 인간에 대해 더 많이 알게 되고 더 많이 생각하게 되었어요. 그것은 어떻게 살아야 하는지에 대한 질문으로 이어졌어요. 좋은 예술 작품은 그렇게 사람의 인식과 판단을 확장하고 달라지게 해요. 그리고 생각이 바뀌면 행동이 바뀌고 삶이 바뀌죠. 사람의 생각과 행동을 바꿔야만 좋은 작품이라고 할 수는 없지만, 사람은 생각을 바꾸고 행동을 바꾸면서 성숙해지고 깊어진답니다. 예술은 종교나 철학처럼 사람의 생각과 행동을 변화시킬 수 있다는 점에서 특별한 가치가 있어요. 밥 딜런의 노래가 의미 있고 소중한 이유예요.

최고의 음악가이자 문학가의 탄생

# 시골 어린이 밥 딜런, 신나게 놀다

떠돌 때마다 내 마음은 하이랜드에 있어

내가 불러 갈 고향

바람이 칠엽수 나무에 운을 맞춰 속삭이는

하이랜드에 내 마음 있어

한 번에 한 걸음씩만 갈 수 있는

밥 딜런 노래 〈Highlands〉에서

밥 딜런은 1941년 제2차 세계 대전이 한창일 때 태어났어요. 미국 중서부 미네소타의 항구 도시 덜루스에서 살다가 북쪽의 히빙으로 이사를 가죠. 두 곳 다 자연이 변화무쌍한 곳으로, 밥 딜런은 종일 수영, 낚시, 썰매, 스케이트 등을 즐겼어요. 한편으로는 영화나 공연도 볼 수 있었고, 텔레비전 방송도 그때쯤 시작되면서 더 넓은 세상을 접하게 됩니다.

# 온 세계가 전쟁 중일 때 태어난 아이

1941년 5월 24일 미국 미네소타주 덜루스Duluth 성모마리아 병원에서 남자 아기 하나가 태어났어요. 아기의 이름은 로버트 앨런 짐머맨Robert Allen Zimmerman. 훗날 밥 딜런이 되는 아기예요. 밥 딜런이 되어 노래하기 위해 온 아기예요. 어렸을 때 밥 딜런은 유대교의 영향으로 샤브타이 자이셀 벤 아브라함이라는 긴 히브리Hebrew, 이스라엘 이름을 갖고 있었어요.

밥 딜런이 태어난 1941년은 제2차 세계 대전이 한창이던 해였어요. 아시아 여러 나라를 침략하던 일본은 그해 느닷없이 하와이의 진주만을 기습 공격해서 태평양 전쟁이 일어났어요. 일본에게 갑자기 공격받은 미국이 일본에 선전 포고를 했고, 전쟁은 격렬해졌어요. 같은 해 6월 히틀러가 이끄는 독일은 소련(지금의 러시아)을 공격하기 시작했고요. 대한민국 임시 정부도 1941년에 건국 강령을 발표하고 대일 선전 포고를 했어요. 우리에게 뜻깊은 해이고, 전 세계가 대대적인 전쟁에 휩싸일 때 밥 딜런이 태어난 거예요.

미국에서 전쟁이 벌어지지는 않았지만 전쟁은 어린 밥 딜런과 멀리 떨어져 있지 않았어요. 밥 딜런의 삼촌들과 이웃들이 전쟁에 참전했으니까요. 군인이 되어 필리핀, 안치오, 시실리, 북아프리카, 프랑스, 벨기에까지 갔던 이들은 전쟁 소식과 흔적들을 가득

안고 돌아왔어요. "짚으로 만든 일본제 담뱃갑, 독일제 빵 봉지, 영국제 법랑 머그잔, 독일제 방풍용 안경, 영국제 전투용 칼, 독일제 반자동 권총" 같은 것들이에요. 그 물건들을 보면서 어린 밥 딜런은 어렴풋하게 전쟁을 느꼈답니다.

밥 딜런이 태어날 때 세상은 전쟁 중이었고 뮤지션의 길을 밟기 시작했을 때에도 전쟁은 멈추지 않았어요. 전쟁은 밥 딜런의 음악에 많은 영향을 미쳤어요. 전쟁은 밥 딜런에게 와서 노래가 되었으니까요. 그리고 밥 딜런의 노래가 거리에서 울려 퍼지게 만들었어요. 더 많은 사람들이 밥 딜런의 노래를 부르고 기억하게 만들었어요. 어떤 노래는 세상의 변화를 노래하고, 노래는 다시 세상을 변화시키면서 특별해져요. 세상과 음악은 이렇게 연결되어 있는데요. 밥 딜런의 노래는 세상과 좀 더 가깝게 연결되어 있어요. 밥 딜런이 특별한 뮤지션인 이유예요.


## 변화무쌍한 자연 속에서 자라다

밥 딜런이 태어난 곳은 어떤 곳이고, 부모님은 어떤 분이었을까요? 밥 딜런의 고향 미네소타는 미국의 중서부에 있는 주예요. 캐나다와 맞붙어 있죠. 처음에는 인디언의 땅이었던 미네소타는 프랑스 땅이었다가 영국 땅이 되기도 했어요. 미네소타는 1858년에 비로소 미국의 32번째 주가 되었는데요. 미네소타는 '하늘색 물'이라는 뜻을 지닌 인디언 다코타족의 말 미니소타Minisota가 변한 이름이래요. 미시시피강이 흐르고 호수가 많은 미네소타에서 덜루스는 두 번째로 큰 항구 도시예요. 전 세계에서 오는 배들이 덜루스를 드나들었어요.

밥 딜런의 아버지 에이브러햄 짐머맨Abraham Zimmerman도 덜루스에서 태어났어요. 아버지와 아들의 고향이 똑같아요. 반면 밥 딜런의 할아버지와 할머니는 러시아령 우크라이나 오데사Odessa에서 미국으로 이민 왔어요. 할아버지의 부모님은 신발과 가죽 제품을 만드는 일을 하시던 분들이었어요. 그리고 외할아버지와 외할머니는 리투아니아에 살던 러시아계 유대인이었는데, 1902년에 미국으로 건너왔어요. 미국은 많은 이민자들이 함께 사는 다민족 국가인데요. 밥 딜런의 가족들도 마찬가지예요. 어린 밥 딜런은 할머니와 시간을 보낼 때도 많았답니다. 밥 딜런의 할머니는 성격이 어두웠고, 파이프 담배를 피웠다고 해요. 어린 밥 딜런은 할머니의 담배 냄새가 익숙했을 것 같아요.

야간 학교에서 경리를 배운 밥 딜런의 아버지는 밥 딜런이 태어났을 때 인디애나의 스탠더드오일 회사에서 일하고 있었어요. 밥 딜런에게는 동생도 생겨요. 그런데 밥 딜런의 가족은 덜루스에서 오래 살지 않았어요. 1946년에 미네소타 북쪽의 히빙Hibbing으로 이사를 갔기 때문인데요. 아버지가 척수성 소아마비 때문에 다리를 저는 장애를 갖게 되어서 덜루스를 떠나야 했대요. 이사 간 히빙은 밥 딜런 어머니, 비어트리스 비티 스톤Beatrice Beatty Stone의 고향이었어요.

덜루스에서 5년밖에 살지 않았던 밥 딜런은 "주로 푸른빛이 감도는 회색 하늘, 신비로운 농무 경적, 항상 자신에게 곧장 달려오는 것처럼 보이는 심한 폭풍", "3미터가 넘는 위험한 파도가 몰아치는 검고 광대하고 신비스러운 호수에 울부짖듯이 잔인하게 부는 바람"만 기억하고 있다고 얘기했어요. 어린 밥 딜런의 눈에 비친 덜루스는 신비롭고 놀랍고 무서운 곳 같아요.

이사 간 히빙도 다르지 않았어요. 히빙 역시 자연이 변화무쌍한 곳이었어요. 겨울에는 영하 10도라고 해도 체감 온도는 영하 20도가 되는 날이 흔했을 만큼 추웠고요. 여름에는 온도가 37도를 넘기 일쑤였고, 장화를 뚫고 모기들이 피를 빨아 먹으려고 설쳤다고 해요. 아주 어렸을 때 기억은 희미해지기 마련이에요. 그런데도 고향 자연의 변화무쌍한 모습만은 오래도록 잊혀지지 않을 만큼 어린 밥 딜런에게 강렬한 인상을 남겼나 봐요. 밥 딜런은 최초의 기억처럼 고향의 자연을 기억해 자서전에 남겼어요.

특히 밥 딜런은 어렸을 때 기차를 보고 기차 소리를 들으며 자랐다고 해요. 화물 열차, 여객 열차, 침대차 등등 기차를 보면서 기차

소리를 들으면 마음이 안정되었다고 해요. 밥 딜런은 어른이 되어서도 멀리서 기차 달리는 소리를 들으면 고향 생각이 나기도 했대요. 집 근처에 종탑이 있는 교회가 있어서 종소리도 많이 들었는데, 종소리를 들으면 기분이 좋아졌다는군요.

여러분이 가장 처음 기억하는 세상은 어떤 모습인가요? 태어난 곳이나 어린 시절 동네 풍경, 자연의 모습을 잘 기억할 수 있나요? 그곳의 소리가 생생하게 떠오르나요? 먼 훗날 자서전을 쓴다면 여러분은 어떤 기억들을 먼저 쓸지 궁금해지네요. 아파트와 빌딩, 편의점, 피시방 이야기를 하게 될까요? 아니면 키즈 카페와 놀이공원을 이야기하게 될까요? 밥 딜런처럼 날씨와 하늘과 바다를 이야기하게 될까요?

## 수영, 낚시, 썰매…… 온종일 놀기도 바빠

다섯 살 때 히빙으로 이사 온 밥 딜런은 그곳에서 어린 시절을 보내요. 밥 딜런은 훗날 세계적인 뮤지션이 되었지만 어렸을 때부터 음악을 하지는 않았어요. 피아노 학원에 다니지 않았고요. 음악 신동이라고 놀라운 재능을 드러내지도 않았어요. 유튜브에 노래하거나 춤추는 모습을 올리지도 않았죠. 그때는 유튜브는커녕 인터넷도 컴퓨터도 없었으니까요. 밥 딜런을 보면 스타가 되기 위해 어렸을 때부터 피아노를 치고, 기타를 연습할 필요는 없을지도 몰라요. 지금은 뮤지션이나 스타가 되려면 어릴 때부터 학원에 다니거나 레슨을 받고 아이돌 연습생이 되어야 할 것 같지만 말이에요.

음악은 누군가 가르쳐 주어서 배우기도 하지만 스스로 듣고 깨닫는 경우도 많아요. 요즘은 다들 학원에 다니거나 레슨을 받으면서 전문가에게 음악을 배우지만, 밥 딜런이 어렸을 때는 음악을 가르치는 사람이 드물었어요. 기타를 칠 때도 혼자 쳐 보면서 스스로 배우곤 했어요. 예술은 가르친다고 배울 수 있는 건 아닐 수도 있어요. 물론 교육을 받으면 모르는 사람이 쉽게 배우고 어느 수준까지 올라갈 수 있지만, 배운 사람이 다 뛰어난 예술가가 되지는 못해요. 밥 딜런의 삶을 따라가다 보면 어떻게 살아야 예술가가 될 수 있는지, 어떻게 살아야 계속 예술가로 살아갈 수 있는지 생각하게 돼요.

훗날 세계적인 뮤지션이 되는 밥 딜런도 어렸을 때는 똑같이 동네 어린이들과 놀면서 자랐어요. 밥 딜런은 시골 아이였어요. 요즘에는 대부분 도시에서 자라 밖에서 뛰어노는 일이 많지 않을 거예요. 놀 때도 방에서 게임을 하고, 텔레비전을 보죠. 스마트폰으로 인터넷을 하기도 하고, 피시방으로 몰려가는 일도 흔해요. 하지만 밥 딜런이 어렸을 때는 텔레비전이 드물었고, 게임이나 인터넷은 없었어요. 대도시에 사는 어린이들에게는 좀 더 볼거리와 놀거리가 많았겠지만 도시에서 살지 않는 사람들도 많았어요. 그래도 놀기는 어렵지 않았어요. 동네마다 노는 방법이 있으니까요. 어린이들은 같이 노는 법, 스스로 놀이가 되는 방법을 찾아내곤 하잖아요. 바닷가라면 수영을 하고, 농촌이면 산으로 들로 뛰어다니죠. 밥 딜런이 사는 동네에서는 수영을 하고, 낚시를 하고, 썰매를 탔어요. 특히 아이스하키와 스케이트는 필수였어요. 근처에 슈피리어라는 큰 호수가 있었으니까요. 겨울 날씨가 엄청 추운 지역이라는 단점이, 놀 때는 반대로 장점이 되었어요. 밥 딜런의 집은 부자가 아니었고 친구들도 마찬가지였어요. 그래서 돈 들이지 않고 할 수 있고, 자연 속에서 즐겁게 할 수 있는 놀이를 찾아내서 같이 했어요.

밥 딜런과 친구들은 '범퍼 타기'도 했어요. 자동차 뒤 범퍼에서 잡을 만한 곳을 잡고 눈 위를 달리는 놀이예요. 스릴 넘치는 놀이는 이것만이 아니었어요. 열차 양쪽에 붙은 철제 사다리를 잡고 있다가 열차가 호수 옆을 지나면 손을 놓고 물속으로 뛰어내리기도 했다네요. 상상만 해도 무섭고, 크게 다칠 수도 있는 놀이인데 그 스릴이 즐거웠나 봐요. 다치는 건 싫지만 일단 재미있는 건 해보고 싶은 마음은 세상 어린이들 모두 똑같은가 봐요.

남자 어린이들은 유독 총싸움 놀이를 많이 하는데요. 밥 딜런과

최고의 음악가이자 문학가의 탄생

친구들도 마찬가지였어요. "공기총과 BB총과 진짜 22구경으로 양철 깡통이나 병, 쓰레기 더미에서 포식한 쥐들을 쏘았다"네요. 소나무를 Y자형으로 깎아서 만든 고무총으로 싸움도 했다고 해요. 타이어 안쪽의 튜브를 가늘게 자른 다음 이 고무를 Y 모양의 나무 양 끝에 묶고 고무줄을 힘껏 잡아당겼다 놓는 거라고 하는데요. 온종일 편을 갈라서 이런 놀이를 했대요. 우리나라에서도 예전에는 새총을 만들어서 놀기도 했어요. 국경을 떠나 노는 방법은 비슷비슷하죠?

하지만 지금은 밥 딜런처럼 온종일 놀기는 어려워요. 학원에 가야 하고 숙제도 해야 할 테니까요. 요즘에는 어렸을 때부터 열심히 하지 않으면 훌륭한 사람이 될 수 없다고 말하는 어른들이 너무 많아요. 놀고 싶으면 어른이 된 다음에 놀라고 얘기하죠. 사실 어른이 되면 계속 일하고 일하고 일해야 하는데. 그래서 제대로 놀기 어려운데. 어렸을 때 노는 것과 어른이 되어서 노는 건 엄연히 다른데.


## 영화, 공연, 텔레비전을 만나다

히빙에는 자동차를 타고 들어가서 영화를 보는 자동차 극장이 생기기도 했고요. 자동차 경주와 일 년에 두세 차례 쇼를 하는 서커스 공연도 열렸다고 해요. 밥 딜런은 여름에 킹 앤 히즈 코트라는 소프트볼 팀이 와서 경기하는 걸 지켜봤고요. 버디 리치Buddy Rich와 빅 밴드라는 재즈 빅 밴드 팀이 히빙의 고등학교 강당에서 공연을 펼치는 걸 보기도 했어요. 덕분에 이래저래 아주 심심하지는 않았나 봐요. 소년 밥 딜런은 특히 영화 보는 걸 좋아했어요. 외삼촌이 운영하는 극장에 자주 갔고, 반항적인 역할을 했던 톱스타 배우 제임스 딘James Dean을 무척 좋아했대요.

밥 딜런의 이야기를 들어 보면 히빙은 1960~1970년대 한국의 농촌과 비슷하다는 생각이 드네요. 밥 딜런의 어머니가 살던 곳은 히빙 근처의 리토니아라는 작은 읍이었는데, "어머니가 자랄 때 그곳에는 만물상이 하나, 주유소가 하나, 마구간이 몇 개, 그리고 학교 사택"만 있었대요.

밥 딜런이 자라나면서 히빙에도 차츰 세상의 변화가 밀려들어요. 텔레비전 방송이 시작된 거예요. 요즘 텔레비전에는 케이블 방송까지 채널이 100개가 넘고, 하루 종일 방송을 볼 수 있어요. IPTV로 영화도 쉽게 볼 수 있고요. 인터넷도 연결할 수 있어요. 컬러 텔레비전은 1953년부터야 일반화되기 시작했고, 밥 딜런이 어렸을 때는 하루 종일 방송을 하지 않았어요. 오후 3시에 시험 방송을 시작해서 저녁 7시나 8시에 끝났답니다. 집집마다 텔레비전을 갖고 있지도 않았죠. 그래서 옛날에는 텔레비전이 있는 친구네 집으로 몰려가서 같이 보곤 했답니다. 텔레비전 덕분에 사람들은 드라마를 볼 수 있었고요. 더 넓은 세상 이야기, 더 많은 정보를 접할 수 있었어요.

그런데 어린 밥 딜런은 친구들과 놀기만 했을까요? 밥 딜런의 부모님은 밥 딜런을 어떻게 키웠을까요? 훗날 수많은 노래를 직접 만들고 노벨문학상까지 받았는데 그렇다면 공부도 잘했을까요? 밥 딜런과 밥 딜런의 부모님이 살아온 시간은 지금과 많이 달랐어요. 그래서 인생에서 중요하다고 생각하는 가치도 달랐어요. 요즘 우리나라에는 공무원, 변호사, 의사 같은 직업을 갖기 바라는 부모님이 많죠. 그래야 멋지게 살 수 있다고 생각하니까요. 하지만 전기 제품 가게 주인이었던 밥 딜런의 아버지는 밥 딜런이 기계를 다루는 기사가 되었으면 좋겠다고 생각했어요. 그런데 당시 밥 딜런은 엔지니어가 될 만큼 공부를 잘하지는 못했나 봐요. 그래도 밥 딜런의 어머니는 늘 밥 딜런 편을 들어 주었어요. 밥 딜런이 너무 많은 사기꾼들 때문에 위험해지지 않을까 걱정하곤 했어요. 부모님 마음은 미국이나 한국이나 똑같네요. 자식이 훌륭해지고 유명해지지 않더라도 건강하게만 자라 달라고 하시잖아요.

# 밥 딜런이 태어나던 해 1941년

밥 딜런이 태어난 1941년에도 어떤 이는 세상을 떠나고, 어떤 이는 세상을 찾아왔어요. 밥 딜런보다 먼저 노벨문학상을 받은 인도의 타고르가 1941년에 세상을 떠났고요. 밥 딜런과 함께 활동하며 한때 연인이기도 했던 포크 싱어송라이터 조안 바에즈Joan Baez가 같은 해에 태어났어요.

　동갑내기 포크 뮤지션 스타는 또 있어요. 포크록 듀오 사이먼 앤 가펑클Simon And Garfunkel로 유명한 폴 사이먼Paul Simon도 1941년에 태어났어요. 지금은 할아버지 뮤지션이 된 폴 사이먼의 노래도 많은 사랑을 받았답니다. 1941년은 전 세계 포크 음악계에 축복 같은 해였네요.

1982년 더블린에서 열린 사이먼 앤 가펑클의 야외 콘서트 모습 ©Eddie Mallin

최고의 음악가이자 문학가의 탄생

그해에 태어난 세계적인 뮤지션들은 또 있어요. 브라질 출신의 보사노바 뮤지션 세르지오 멘데스Sergio Mendes와 재즈 뮤지션 칙 코리아Chick Corea도 1941년생이에요. 세르지오 멘데스와 칙 코리아는 한국에도 와서 여러 번 공연을 했죠. 뮤지션이 되고 싶다면 꼭 들어봐야 할 뮤지션들이에요.

〈센과 치히로의 행방불명〉, 〈이웃집 토토로〉, 〈미래소년 코난〉을 만든 일본의 애니메이션 감독 미야자키 하야오도 1941년에 태어났고요. 대표적인 영국 축구 감독 알렉스 퍼

애니메이션 거장 미야자키 하야오
@Natasha Baucas

거슨Alex Ferguson도 1941년생이에요. 밥 딜런이 태어난 해 한국에서는 김현, 김승옥, 이문구, 김지하 같은 유명 작가와 비평가들이 태어났어요. 이명박 전 대통령도 1941년생이고요. 만약 북한의 지도자였던 김정일이 살아 있었다면 역시 밥 딜런과 동갑이었겠네요.

좋거나 나쁘거나 세상에 많은 변화를 일으킨 이들이 1941년에 줄지어 태어났네요. 1941년생이 아주 멀게만 느껴지지는 않죠?

# 청소년 밥 딜런,
# 음악과 만나다

밥 딜런은 비틀스의 음악을 통째로 바꿔 놓았다.

비틀스 멤버 존 레넌John Lennon

소년 밥 딜런의 마음을 처음 사로잡은 음악은 블루스와 컨트리 음악이었어요. 인터넷은커녕 텔레비전도 흔하지 않던 시절, 라디오가 밥 딜런의 첫 번째 음악 친구가 되어 주었죠. 고등학교에 입학해서는 '황금 화음'이라는 스쿨 밴드를 만들어 함께 로큰롤을 연주하고 노래하기 시작합니다.

최고의 음악가이자 문학가의 탄생

## 블루스와 컨트리 음악

사람이 평생 어린이로만 살아가지는 않아요. 어른이 되어야 해요. 피할 수 없어요. 밥 딜런도 마찬가지예요. 밥 딜런은 피터 팬이 아니었으니까요. 어린이였던 밥 딜런은 청소년이 되었어요. 청소년이 되면서 자신이 무엇을 좋아하는지, 무엇을 하고 싶어 하는지 알게 되었어요.

어린이는 청소년기를 맞고 사춘기를 지나면서 어른이 돼요. 사춘기는 어린 날의 자신과 이별하는 시간이에요. 이별은 또 다른 만남으로 이어져요. 사춘기는 더 넓은 세상, 더 많은 사람, 새로운 자신과 만나면서 자신의 마음과 꿈이 이끄는 대로 걸음을 옮기기 시작하는 시간이에요. 아주 중요하고 의미 있는 시간이죠. 물론 사춘기를 지나고도 어렸을 때 좋아했던 것들을 계속 좋아하기도 해요. 하지만 더 이상 좋아하지 않게 되는 경우가 많아요. 과자, 게임, 만화, 애니메이션, 인형을 좋아하던 어린이가 청소년이 되면서는 아예 거들떠보지 않게 되기도 하잖아요. 부모님과 사이가 좋았던 어린이가 청소년이 되면서는 자주 싸우기도 하고요. 어렸을 때는 밖에서 뛰어노는 걸 좋아했지만 청소년이 되면서 자신만의 공간에 틀어박혀 있는 걸 더 좋아하기도 해요. 청소년이 된 어린이는 이렇게 어린 날의 자신과 헤어져요. 차츰 더 많은 세상을 마주하면서 숱한 사람들 사이에서 어른, 아니 자기 자신이 돼요.

소년 밥 딜런은 미국의 웨스트포인트 육군사관학교에 가고 싶다고 생각한 적도 있었어요. 전쟁에서 싸우는 군인이 멋지다고 생각했거든요. 하지만 아버지와 삼촌의 반응은 떨떠름했어요. 그 후 청소년이 된 밥 딜런의 마음을 사로잡은 건 바로 음악, 음악이었어요. 처음 밥 딜런의 마음을 사로잡은 음악은 블루스Blues와 컨트리Country 음악이었죠. 물론 밥 딜런이 어렸을 때는 교회 노래나 동요를 더 좋아했을 수도 있는데요. 비로소 음악의 존재를 깨닫고 좋아한 음악은 블루스와 컨트리 음악이었어요.

블루스 음악이 어떤 음악인지 알고 있나요? 블루스는 미국으로 끌려온 아프리카 흑인들이 만들어 낸 음악이에요. 그들의 고향 아프리카 민속 음악의 리듬감과 창법을 바탕으로 만들어진 질박한 음악인데요. 흑인들이 일할 때 부르고, 함께 놀면서 부른 노래가 블루스였어요. 블루스는 우리나라의 민요와 비슷해요. 미국에 원래 살던 인디언이나 유럽에서 건너온 백인들의 음악이 곱고 부드러웠다면, 블루스는 훨씬 끈끈하고 간절했어요. 표현도 솔직하고 노골적이어서 쉽고 속 시원했죠. 이런 개성 때문에 블루스는 차츰 백인들에게도 인기를 끌게 되었어요. 블루스는 다른 서구 음악과 만나면서 리듬 앤 블루스Rhythm and Blues와 로큰롤Rock and Roll로 이어진 현대 서구 대중음악의 뿌리라고 할 수 있어요. 블루스가 없었다면 힙합도 없었을 거예요.

　반면 컨트리 음악은 유럽의 민요를 바탕으로 만들어진 미국 백인들의 전통 음악이라고 할 수 있어요. 단순하게 이야기하자면 말 타고 다니면서 소와 양을 키우는 카우보이들의 음악이었다고 할 수 있는데요. 지금도 미국에서는 많은 컨트리 뮤지션들이 활발하게 활동하면서 사랑받고 있어요. 한국에서도 공연을 했던 테일러 스위프트Taylor Swift가 바로 컨트리 뮤지션이에요. 미국에서 컨트리 음악의 인기는 한국에서 트로트 음악의 인기와 비슷한 면이 있어요.

　밥 딜런은 지금도 블루스와 컨트리 음악을 자주 만들곤 해요. 10대 때 듣고 좋아한 음악을 지금도 좋아한다니 신기한 일이에요. 나이가 들면 좋아하는 음악 취향이 바뀔 것 같잖아요. 요즘 인기 있는 음악은 일렉트로닉이나 힙합이니까 유행하는 음악을 할 거 같은데, 여전히 40~50년 전에 좋아했던 음악을 한다니 놀라워요. 그건 블루스와 컨트리 음악이 매력적이고, 강한 생명력을 갖고 있기 때문일 거예요. 세상은 정말 빨리빨리 변하지만, 우리는 여전히 쌀밥을 먹고 김치를 먹고 된장국을 먹어요. 국악이라고 부르는 한국 전통 음악도 종종 듣죠. 변하지 않는 건 변하지 않아요. 사람도 쉽게 바뀌지 않아요.

　그리고 한 사람의 음악 취향은 10대 때 결정되는 경우가 많대요. 나이가 들면 그때그때 새로운 음악을 더 좋아하게 될 것 같지만 그렇지 않대요. 10대 때 좋아하는 음악을 평생 좋아하는 경우가 대부분이래요. 10대 때 트로트를 좋아하게 되면 평생 트로트를 좋아하고, 힙합을 좋아하면 평생 힙합을 좋아하는 식이죠. 언제 태어났는지에 따라 다른 취향을 갖게 되고 한번 만들어진 취향은 잘 바뀌지 않으니까요. 여러분이 지금 좋아하는 음악을 평생 좋아한다고 생각하면 어떤가요? 60대가 되어서도 힙합을 좋아하면 왠지 근사할 거 같지 않나요? 물론 그때는 힙합이 옛날 음악 취급을 받을 수도 있으니 너무 서운해 하지 말고요.


## '라디오 키드' 밥 딜런

아 참, 밥 딜런은 블루스와 컨트리 음악을 어떻게 들었을까요? 바로 라디오예요. 1941년에 태어난 밥 딜런이 청소년이었을 때는 텔레비전이 드물었고, 인터넷은 없었어요. MP3 파일도, 스트리밍 서비스도 없었어요. 스마트폰은 상상도 못했어요. 그때는 음악을 들으려면 직접 공연을 보거나, 음반을 사거나, 라디오를 듣는 수밖에 없었어요. 그런데 대도시가 아니면 공연은 쉽게 보기 어려웠어요. 음반요? 음반을 사려면 돈이 있어야 하고요. 음반을 들을 수 있는 턴테이블과 스피커까지 사야 했어요. 하지만 라디오는 달랐어요. 1906년부터 본격적으로 전파를 쏘아 올린 라디오는 기기가 비싸지 않았고, 음악을 무료로 들려주었죠.

요즘에는 라디오를 듣는 사람이 많지 않아요. 하지만 예전에는 집집마다 라디오를 가지고 있었어요. 좋아하는 채널을 틀어 놓고 라디오에서 흘러나오는 이야기와 음악을 듣곤 했어요. 디제이의 목소리에 빨려들곤 했어요. 밥 딜런보다 30년 이상 늦게 태어난 저도 그랬답니다. 소년 밥 딜런도 똑같았을 거예요. 집에서 라디오를 켜 놓고 있었을 거예요. 혼자였을 수도 있고, 가족들과 함께 있었을 수도 있어요. 그 언제인지 정확하게 알 수 없지만 라디오에서 들은 거예요. 블루스와 컨트리를. 라디오에서 흘러나오는 누군가의 노래를.

어쩌면 뮤지션 밥 딜런의 출발은 그 노래를 들었던 순간부터라고 할 수 있을지 몰라요. 세상에는, 사람의 삶에는 갈림길 같은 순간이 있더군요. 다시는 그 전의 자신으로 돌아갈 수 없게 만드는 순간. 예상 못한 소나기처럼 갑자기 쏟아지는 무언가에 흠뻑 젖어 버린 순간. 그렇게 젖은 채로 쏟아지는 무언가를 향해 계속 걸어가게 되는 시간. 그것이 우리의 인생인지 몰라요.

여러분은 처음 음악을 듣고 감동받은 순간을 기억할 수 있나요? 기억하는 사람도 있고, 기억하지 못하는 사람도 있을 거예요. 사람마다 자신을 가장 감동시켰던 무언가와 감동을 받은 순간은 다

2006년에 밥 딜런은 라디오 프로그램
〈Theme Time Radio Hour〉의 디제이를 맡는다.
그때 선곡했던 노래들을 모은 앨범 재킷

다를 테니까요. 그래도 음악을 좋아하고 뮤지션이 되고 싶은 사람은 그 순간을 어렴풋하게라도 기억할 수 있을 거예요. 블루스와 컨트리를 들으면서 음악에 빠져든 밥 딜런은 계속 라디오에 귀를 기울였어요. 라디오가 밥 딜런의 첫 번째 친구가 된 거예요. 밥 딜런은 자서전에서도 고백해요. 라디오가 '내 인생의 사운드트랙'이었다고요.

하지만 밥 딜런이 만날 라디오를 끼고 산다고 부모님에게 혼났을지도 몰라요. 아니, 밥 딜런의 부모님은 훗날 밥 딜런이 세계적인 뮤지션이 될 거라고 그냥 내버려 두었을지도 몰라요. 사실 어땠는지는 알 수 없어요. 그래도 이왕이면 밥 딜런을 잘 이해해 주는 부모님이셨다면 더 좋겠어요. 음악을 듣는 건 노는 게 아니니까요. 어린이의 꿈과 관심은 그 자체로 소중하니까요. 그리고 음악은 아름다우니까요.


## 로큰롤 밴드 대모집! 멋쟁이들 다 모여!

블루스와 컨트리를 좋아했던 밥 딜런은 차츰 로큰롤에도 빠져들었어요. 로큰롤이 뭐냐고요? 우리나라에서 국카스텐이나 장기하와 얼굴들, 혁오 같은 록 밴드가 하는 록 음악의 시작이라고 할 수 있는 음악이에요. 블루스 음악과 컨트리 음악이 합쳐지면서 더 신나진 음악이죠.

청소년 밥 딜런도 로큰롤에 사로잡혔는데요. 밥 딜런이 로큰롤을 듣기만 했을까요? 아니에요. 밥 딜런은 히빙 고등학교에 다닐 때부터 직접 밴드를 만들어 로큰롤을 연주하고 노래했어요. 로큰롤 음악은 밴드 음악이라서 혼자서는 할 수 없어요. 혼자 기타 치고, 베이스 기타 치고, 드럼 치고 노래할 수는 없잖아요. 세계적으로 유명한 록 뮤지션들은 대개 청소년 때부터 밴드를 시작해요. 동네 친구, 학교 친구와 스쿨 밴드를 만들어 노래하고 연주하면서 시작해 보는 거예요. 알음알음으로 멤버를 구하고, 서로 좋아하는 음악을 따라 부르고 연주하면서 흉내 내 보는 거예요. 예술은 모방에서 시작해요. 그러다 자기 노래를 만들게 되고 동네에서부터 유명해지죠. 밥 딜런도 마찬가지예요. 주변 친구들과 밴드를 만드는 밥 딜런의 모습이 보이는 것 같네요.

"프랭크, 있잖아. 나, 로큰롤 밴드를 만들어 보고 싶어."

"로버트(밥 딜런의 원래 이름), 그렇게 멋진 생각을 하다니 놀라운데!"

"그런데 뭘 어떻게 해야 할지 모르겠어."

"흠, 그럼 학교 게시판에 포스터를 붙여 보는 건 어때?"

"그럴까? 로큰롤 밴드 대모집! 멋쟁이들 다 모여!"

"응응, 우리 동네 제임스도 요즘 드럼을 치고 싶어서 책상을 막

두들기잖아. 개도 하겠다고 할 거 같은데?"

"마이클이 기타 연습을 하고 있다는 얘기도 들었어."

"오, 뭔가 될 거 같아! 그럼 이 몸이 포스터로 학교를 도배해 주 겠어! 그런데 연습은 어디서 하지?"

"연습은 우리 집 차고에서 하면 돼."

"좋아, 고민이 또 있어. 악기는 어떻게 구해야 할까?"

"장비는 아르바이트해서 사면 돼. 우리 힘으로 해 보는 거야. 다 른 친구들도 그렇게 하더라. 시간은 걸려도 그게 진짜 간지나는 거잖아."

"맞아, 우리에겐 간지가 생명이지."

"아 참, 밴드 이름은 뭘로 할까? 이건 진짜 고민된다."

"딱정벌레들Beetles 어때?"

"에이, 그게 뭐야? 밴드는 화음이 중요하니까, 황금 화음the Golden Chords으로 하자!"

"황금 화음, 역시 우리는 짱 멋진 밴드가 되겠군."

이렇게 친구들과 머리를 맞대고 이야기하면서 밴드를 시작했을 거예요. 어설프게 좌충우돌하면서 밥 딜런은 음악에 사로잡히기 시작한 거예요.

밥 딜런이 스쿨 밴드 '황금 화음'에서 연주한 곡은 바로 리틀 리 처드와 엘비스 프레슬리의 곡이었어요. 네, 바로 로큰롤이었어요.

로큰롤에 반했으니 로큰롤을 카피할 수밖에 없죠. 처음부터 창작 곡을 만들 수는 없으니까요. 지금 이 책을 읽는 청소년들 중에서 음악을 하고 있는 이가 있다면 밥 딜런도 똑같구나 싶을 거예요. 밴드이건, 보컬이건, 록이건, 힙합이건, 일렉트로닉이건 처음에는 누군가의 음악을 따라 하면서 연습하니까요.

음악을 시작할 때 순서는 비슷해요. 어느 날 갑자기 좋은 음악에 반해 버려요. 이유는 알 수 없죠. 그래서 계속 음악을 듣게 되는데, 도저히 듣기만 하는 걸로는 부족해서 자기도 해 봐야겠다고 생각하고 따라 해요. 악기도 배우기 시작하죠. 하지만 혼자서는 양이 안 차서 친구들과 팀을 만들어서 함께 해 봐요. 친구들과 몰려다니면서 다른 친구들의 공연을 보러 가기도 하고, 학교나 동네에서 공연을 해요. 박수를 받으면 더 신나서 연습하고, 반응이 안 좋으면 풀이 죽죠. 이렇게 걸음마를 밟아 가요. 음악을 막 시작하는 청소년에게 스쿨 밴드, 음악 동아리는 넘어져도 괜찮은 걸음마나 마찬가지예요. 스타가 되어야겠다는 생각도 없이 그냥 해 보는 거예요.


## 당신은 진짜 잘하고 있어요

밥 딜런이 밴드를 시작했을 때 순탄치만은 않았어요. 그 당시엔

악기를 다룰 줄 아는 사람이 많지 않아서 다른 뮤지션이 밴드 멤버를 빼 가는 일도 있었어요. 밴드에서 빠지는 멤버가 많았죠. 학교에서도 시선이 곱지 않았어요. 한번은 밥 딜런의 학교로 로큰롤 밴드 대니 앤 주니어스Danny & Juniors가 와서 〈Rock and Roll Is Here to Stay〉라는 노래를 불렀는데 너무 소리가 컸나 봐요. 교장 선생님이 글쎄, 마이크를 자르려고 했대요. 관객 중에 세계적인 스타가 된 밥 딜런이 있었는데 말이에요. 역시 음악에는 세대 차이가 있나 봐요.

10대 소년 밥 딜런은 주 방위군 본부 로비에서 공연하다가 유명한 레슬링 선수 고저스 조지Gorgeous George와 마주치기도 했어요. 그때 밥 딜런은 고저스 조지가 자신에게 윙크하면서 "당신은 진짜 잘하고 있어요."라고 말하는 것 같은 느낌을 받아요. 나중에도 밥 딜런은 종종 이렇게 선망하는 인물들과 말없이 대화하는 것 같은 느낌을 받곤 했어요.

열일곱 살 밥 딜런은 로큰롤 스타 버디 홀리가 덜루스 병기고에서 공연하는 걸 보기도 했어요. 1959년 1월 31일, 버디 홀리가 비행기 사고로 죽기 3일 전이었어요. 버디 홀리는 겨우 23살의 나이로 죽고 말았는데요. 다시는 버디 홀리의 공연을 볼 수 없다는 걸 밥 딜런도 몰랐고, 버디 홀리도 몰랐어요. 밥 딜런은 훗날 노벨상 수상 소감에서 이때 이야기를 해요. 버디 홀리가 나를 똑바로 바라보았다고. 그가 몰랐던 뭔가를 전해 주었다고. 그래서 오한이 일어났다고 말이에요. 그 떨림의 정체는 뭐였을까요? 감동이었을까요? 충격이었을까요? 기쁨이었을까요? 예감이었을까요? 먼 훗날 음악계에서 만나 친구가 될 수도 있었을 두 뮤지션이 만나자마자 헤어진 셈이니 인생은 정말 알 수가 없네요.

밥 딜런의 1959년 고등학교 앨범에도 로큰롤을 좋아했다는 기록이 남아 있어요. '로버트 짐머맨: 리틀 리처드와 합류하기 위해'라는 기록이 있거든요. 밥 딜런은 고등학교를 졸업하던 해에 뮤지션 바비 비Bobby Vee와 함께 엘스톤 건Elston Gunn이라는 밴드를 만들기도 했어요. 바비 비는 훗날 유명해졌고요. 엘스톤 건은 세상의 많은 아마추어 밴드 중 하나였지만 밥 딜런 덕분에 오래 기억되는 이름이 되었어요.

## 14살 밥 딜런을 찾아온 '로큰롤'

로큰롤은 1950년대 중반부터 미국 대중음악 시장을 강타했어요. 빌 헤일리Bill Haley, 버디 홀리Buddy Holly, 루이스 조던Louis Jordan, 리틀 리처드Little Richard 같은 뮤지션들이 활동하면서 서서히 로큰롤이 만들어졌고, 히트 곡이 나왔어요. 그중에서도 1955년에 빌보드 차트 1위에 오른 빌 헤일리 앤드 히스 코메츠Bill Haley and His Comets의 〈Rock around the Clock〉이 대표 곡이에요.

이전까지 나온 다른 노래에서는 들어 보지 못했던 방식으로 신나게 노래한 이 곡은 로큰롤의 시대를 여는 선두 주자가 되었어요. 지금으로 치면 일렉트로닉 댄스 음악이나 힙합의 시대를 연 명곡이나 마찬가지인데요. 지금 들어 봐도 무척 신나는 이 노래가 인기를 끌면서 로큰롤이 주목받을 때 밥 딜런은 14살이었어요. 가장 호기심 많고, 가장 푸르른 날 밥 딜런은 로큰롤을 만난 거예요. 이건 어쩌면 운명인지 몰라요. 여러분이 일렉트로닉이나 힙합 음악을 처음 만난 나이와 비슷한 나이일 테니까요.

그때 로큰롤은 누구나 좋아하는 음악은 아니었어요. 요즘 인기 있는 아이돌 음악을 모든 사람들이 좋아하지는 않는 것과 마찬가지예요. 아이돌 음악은 주로 10대나 20대가 좋아하고 어른들은 그다지 좋아하

[Rock around the Clock] 앨범 재킷

지 않죠. 힙합도 마찬가지
예요. 어떤 음악은 나이에
따라 반응이 완전히 갈려
요. 어른들이 좋아하는 음
악을 젊은 세대는 그다지
좋아하지 않고요. 젊은 세
대가 좋아하는 음악을 어

엘비스 프레슬리의 공연 모습

른들은 싫어하기도 해요. 어른들은 젊은 세대가 좋아하는 음악, 새로 유행하는 음
악을 싫어할 뿐만 아니라 마음대로 듣지 못하게 막기도 해요. 어른들이 보기에 좋
지 않다면서 말이에요. 세상은 어른들 마음대로인 경우가 많죠. 자신들도 예전에
는 어린이였고, 청소년이었으면서. 그때 어른들이 하지 말라고 명령하면 싫었으
면서.

   그때는 로큰롤이 금기였어요. 로큰롤은 감정을 감추지 않고 드러내는 음악이었
기 때문이에요. 가만가만 조용조용 고상하게 노래하지 않고 소리 지르는 음악, 소
리만 지르는 게 아니라 춤추면서 어울리는 음악이었으니까요. 블루스에서 온 로
큰롤은 리듬을 부각시켰고, 로큰롤 뮤지션들은 격렬하게 움직이며 노래하곤 했어
요. 가령 엘비스 프레슬리Elvis Presley는 노래할 때 허리를 살짝 움직이기도 했는데
요. 지금 보면 아무렇지도 않고 밋밋한 동작인데, 그때 어른들 보기에는 로큰롤의
태도와 포즈가 불편했나 봐요. 그래서 당시 가장 인기 있던 가수 프랭크 시나트라
Frank Sinatra는 "로큰롤은 백치 멍청이가 만든 것"이고, "지구를 범죄로 물들일 전
쟁 같은 음악"이라고 심하게 비난하기도 했어요. 하지만 어른들이 싫어한다고 유
행이 바뀌지는 않아요. 어른들이 싫어하고 하지 말라 하면 오히려 더 관심을 갖게
되는 경우가 많죠.

최고의 음악가이자 문학가의 탄생

2

Bob Dylan

내 삶, 내 우주를
담아낸 음악

# 밥 딜런,
# 고향을 떠나다

영감은 거저 얻기 어렵다. 당신이 직접 발견해서 가져야 한다.

밥 딜런

밥 딜런은 1959년 대학에 입학하면서 고향을 떠나 미네소타로 왔어요. 대도시에 처음 발을 들인 셈이죠. 포크 음악에 푹 빠진 채 음반 가게에서 음악을 듣거나 음악하는 동료들을 찾아다니기 시작해요. 동료들에게 좋은 음악들을 소개받던 중 운명처럼, 영혼을 관통하는 인생의 뮤지션을 만나게 됩니다.

## 마음이 이끄는 대로, 미니애폴리스로

만약 밥 딜런이 고등학교를 졸업하고 평생 고향에서 아마추어 밴드로 활동했다면 어땠을까요? 고향에서 직장을 구해 살아가면서 계속 음악을 할 수 있었을까요? 지금처럼 유명한 거장 뮤지션이 될 수 있었을까요? 노벨문학상을 받을 수 있었을까요? 알 수 없는 일이에요. 고향에서도 얼마든지 명곡을 만들고 유명해졌을 수도 있어요. 하지만 쉽지 않았을 거예요. 히빙은 아주 작은 동네였으니까요. 다른 일을 하지 않고 음악만 하면서 살 수는 없었을 테고요.

밥 딜런의 인생은 끊임없는 변화의 연속이에요. 밥 딜런은 한 번도 한곳에만 머물러 있지 않았어요. 자주 이사를 다녔다는 이야기가 아니에요. 자신의 모습, 자신의 특징, 자신의 방향을 계속 바꾸었다는 이야기예요. 뮤지션 밥 딜런은 음악 스타일을 자주 바꾸었고요. 뮤지션이면서 소설을 썼고, 나중에는 미술 작업을 열심히 했다는 사실에서 알 수 있어요. 어린 시절 히빙으로 이사했을 때는 부모님 뜻을 따라갔지만, 청소년기를 끝내고 히빙을 떠날 때부터는 모두 자신의 뜻대로였어요. 청소년기 이후의 밥 딜런은 늘 자신의 마음이 이끄는 대로 따라갔어요. 시키면 하고, 말린다고 안 하지 않았어요. 떠나야겠다 생각하면 떠났고, 머물러야겠다 생각하면 머물렀어요. 돈을 벌고, 인기를 얻고, 상을 받기 위해 행동하지 않았어요. 그렇다고 돈과 인기와 상을 회피하지도 않았어요. 돈과 인기와 상을 얻고 싶으면 또 그 마음 그대로 드러냈어요. 밥 딜런은 자신의 인생을 자신의 뜻대로 자유롭게 사는 게 가장 중요했어요. 오히려 그래서 돈을 벌고, 인기를 얻고, 상을 받을 수 있었는지 몰라요.

밥 딜런의 자유로운 인생은 고등학교를 졸업하면서 시작해요. 그래요. 밥 딜런이 고향 히빙을 떠나는 날이 왔어요. 1959년 9월 미네소타 대학에 입학하면서 밥 딜런은 고향을 떠났어요. 일반적으로 고등학교를 졸업한 후에도 집 근처 대학에 가서 여전히 집에 머물러 있는 경우도 있고 집 근처에서 직장 생활을 시작하는 경우도 있죠. 반면 밥 딜런처럼 고향에서 멀리 떨어진 대학에 가는 경우도 많아요. 밥 딜런은 미네소타 대학에 합격해서 미니애폴리스로 왔어요. 미니애폴리스는 미네소타주에서 가장 큰 도시였는데요. 히빙에서는 312km나 떨어져 있는 곳이고, 차로 세 시간이나 걸렸기 때문에 집에서 통학할 수는 없었어요. 홀로 떠나고 홀로 머물 수밖에 없었답니다.

사실 밥 딜런의 아버지는 밥 딜런이 예술가가 되는 걸 그다지 좋아하지 않았어요. 밥 딜런의 선생님이 밥 딜런에게 예술가의 재능이 있다고 했을 때에도 예술가는 그저 그림을 그리는 사람 정도라고 생각할 뿐이었어요. 만약 고향에 남아서 예술가로 살아

가려 했다면 밥 딜런은 아버지와 많이 싸워야 했을지 몰라요. 결국 예술가로 사는 걸 포기해야 했을지 몰라요. 부모님과 밥 딜런은 달랐고, 밥 딜런은 자신의 꿈을 포기할 수 없었어요. 밥 딜런은 "황량한 대서양으로 출항하는 콜럼버스" 같은 기분으로 고향을 떠나요. 이제 홀로 선 밥 딜런, 청년 밥 딜런의 이야기를 시작할 순서예요. 집을 떠나 비로소 뮤지션이 되어 가는 밥 딜런의 이야기.

## 음악가들을 찾아다니기 시작하다

신입생 밥 딜런은 흔하디흔한 대학 신입생 중 하나였어요. 고등학생 때 음악을 했고, 계속 음악을 하고 싶어 하는 청년이었지만 아직 데뷔도 하지 않은 상태였어요. 밥 딜런의 전공은 문학이었고, 음악계에서 밥 딜런을 아는 사람은 아무도 없었어요. 오히려 밥 딜런은 대도시에 가 본 경험이 별로 없는 시골뜨기에 가까웠죠. 그래도 밥 딜런에게는 꿈이 있었어요.

꿈, 꿈은 뭘까요? 무엇을 어떻게 해야 할지는 모르지만 무언가 꼭 하고 싶은 일, 해내고 싶은 일, 생각하면 설레고 마음이 뜨거워지는 일 아닐까요? 밥 딜런의 꿈, 밥 딜런에게 가장 중요한 일은 음악이었어요. 삶에서 음악이 가장 중요했기 때문에 밥 딜런의 삶은 음악을 중심으로 재구성되기 시작했어요. 음악이 꿈이라는 건 공부보다, 돈을 버는 일보다, 친구들과 노는 것보다 음악이 중요해지는 거예요. 공부를 하고, 돈을 버는 것도 음악을 하기 위해 하는 일이 되는 거예요. 음악보다 중요한 일은 아무것도 없어지는 거예요.

밥 딜런은 공부하러 대학에 왔지만 음악이 더 중요했답니다. 여러분에게도 그렇게 중요한 무언가가 있나요? 지금 아직 하고 있지 않더라도 언젠가는 꼭 하고 싶고, 이루고 싶은 무언가가 있다면 일기장에 적어 두세요. 그리고 계속 생각하세요. 꿈을 이루기 위해 무엇을 해야 하는지, 오늘 내가 무엇을 하고 있는지 생각하는 일이 꿈을 찾고 만나는 시작이에요.

부모님과 헤어져 혼자 대학에 온 밥 딜런은 중·고등학생 때보다 훨씬 자유로웠을 거예요. 부모님은 멀리 떨어져 있고, 잔소리를 하는 사람도 없었을 테니까요. 그렇다면 자기가 하고 싶은 대로 할 수 있을 것 같은데요. 대학에 막 입학한 밥 딜런은 자신의 꿈을 이루기 위해서, 그러니까 음악을 하기 위해서 무엇을 했을까요? 어떤 일부터 시작했을까요?

밥 딜런은 일단 미니애폴리스의 대학가에 있는 대학생 동아리 회관에 자리를 잡았어요. 숙소부터 구한 거예요. 사촌 형인 척키가 동아리 회장이 된 덕분에 일단 그곳에 머물 수 있었어요. 밥 딜런을 환영해 주는 사람도 아는 사람도 없었지만 밥 딜런은 아무렇지 않았어요. 밥 딜런이 중요하게 생각하는 건 오직 음악뿐이었어요.

미니애폴리스에서 대학생 밥 딜런은 친구를 사귀기도 하고, 수업을 받기도 했을 텐데요. 밥 딜런의 자서전에 공부하는 이야기는 하나도 없어요. 온통 음악 이야기뿐이에요. 밥 딜런은 일단 히빙에서 가져간 일렉트릭 기타를 어쿠스틱 기타로 바꾸고, 음반 가게를 찾아냈어요. 음반 가게야말로 밥 딜런에게 필요한 진짜 도서관이었을 거예요. 밥 딜런은 음반 가게에 가서 새로운 포크 음악을 듣곤 했어요.

그다음에는 자기처럼 음악을 하는 이들을 찾아다녀요. 음악은 혼자서 할 수 없으니까요. 취미나 꿈이 비슷한 사람들을 만나려면 그런 사람들이 모이는 곳을 찾아가야 해요. 요즘 같으면 인터넷 동호회나 커뮤니티를 검색하겠죠. 그 당시에 음악, 미술, 영화, 문학 같은 예술에 관심이 많은 사람들은 주로 카페에 모였어요. 카페는 아지트 같은 곳이었어요. 카페를 거점으로 사람들이 모이고, 커피를 마시고, 수다를 떨면서 친해졌죠. 밥 딜런은 미네소타의 카페 '텐 어클럭 스칼러Ten O'clock Scholar'에서 음악 동료를 만나기 시작했어요.

음악가들이 모이면 뭘 했을까요? 당연히 음악 이야기 하고, 같이 음악을 듣고, 연주했겠죠. 몰랐던 음악을 알게 되고, 자신과 다른 스타일을 보면서 배웠겠죠. 뮤지션 지망생이라 해도 10대 후반

내 삶, 내 우주를 담아낸 음악

이었던 밥 딜런이 아는 음악은 한계가 있었을 거예요. 그럴 때 좋은 친구, 동료, 선배, 선생님은 더 많은 걸 알게 해 주죠. 누구나 그렇게 배워요. 사다리 같은 존재가 곁에 있어야만 그들을 딛고 더 높이 올라가 더 멀리 볼 수 있어요.

## 음악에만 간절한 사람

밥 딜런이 미니애폴리스에서 처음 만난 음악 동료는 존 쾨너John Koerner였어요. 키가 작은 밥 딜런에 비해 존 쾨너는 키가 컸고 항상 싱글벙글 웃는 표정이었어요. 뉴욕에서 온 쾨너는 항공 공학을 공부하는 학생이었어요. 이미 결혼을 한 상태이기도 했죠. 쾨너와 밥 딜런은 블루스 곡을 함께 연주하고, 함께 노래했어요. 둘이서 한 팀이 되면서 밥 딜런은 더 많은 노래를 배우고 들었어요. 쾨너의 집에는 밥 딜런이 몰랐던 음반들이 그득했거든요. 밥 딜런은 뉴 로스트 시티 램블런스, 데이브 밴 론크Dave Van Ronk, 로저 에이브럼스, 블라인드 레몬 제퍼슨Blind Lemon Jefferson, 존 제이콥 나일스John Jacob Niles, 페기 시거Peggy Seeger 같은 뮤지션들의 음악을 두루두루 들었어요. 좋은 파트너를 만난 덕분에 밥 딜런은 스펀지처럼 음악을 빨아들이기 시작했어요. 새로운 노래, 놀라운 노래들이 그득했기 때문에 밥 딜런은 신났어요. 하고 싶은 일을 하는데 신나지 않을 리 없죠.

그런데 밥 딜런이 머물던 미니애폴리스가 아주 큰 도시는 아니었어요. 다양한 공연을 보고, 음반을 듣기 어려웠어요. 음반 가게에 음반이 별로 없었고, 음반을 가진 사람도 적었어요. 그래서 밥 딜런은 자신이 좋아하는 음악을 직접 찾아다녀야 했어요. 좋은 음반, 듣고 싶은 음반을 가진 사람이 있다는 이야기를 들으면 밥 딜런은 직접 찾아갔어요. 밥 딜런은 귀찮다고, 그 음악 안 들어도 된다고, 내가 더 잘한다고, 지금까지 들은 음악으로 충분하다고 생각하지 않았어요. 아직은 직업 음악인이 아니었고, 음악을 듣는다고 수입이 생기지도 않았지만 밥 딜런은 음악을 향해 멈추지 않았어요.

하지만 쉽게 새 음악을 만나지는 못했어요. 어떨 때는 운 좋게 음악을 들을 수 있었지만, 음반을 가진 사람을 만나지 못하고 돌아올 때도 있었어요. 그래도 밥 딜런은 포기하지 않았어요. 간절했기 때문이에요. 밥 딜런은 좋은 음악이 간절했어요. 좋은 음악을 듣는 데 간절했고, 좋은 음악을 하는 데 간절했어요. 돈을 많이 벌고 싶고, 인기를 얻고 싶어서가 아니었어요. 그냥 음악이 좋아서예요. 음악을 듣는 게 좋고, 그 음악을 따라 부르는 게 좋았던 거예요. 그만큼 좋은 음악을 만들고 싶었던 거예요. 그 즐거움과 행복이 좋았고, 무엇과도 바꿀 수 없었기 때문에 밥 딜런은 간절해졌어요.

간절해지는 건 스스로 뜨거워지는 거예요. 스스로 뜨거워져서 움직이지 않고는 견딜 수 없는 거예요. 다른 사람이 시키고 부탁한 다고 간절해지지는 못해요. 오직 자신의 마음이 저절로 움직일 때만 간절해질 수 있어요. 그리고 간절해져야만 스스로 할 수 있어요. 밥 딜런은 간절한 마음으로 음악을 쫓아갔어요. 밥 딜런은 늘 자유롭게 살아가면서도 음악에 대해서만은 간절했어요. 간절하고 부지런했기 때문에 훗날 밥 딜런이 좋은 음악을 할 수 있었는지 몰라요. 이렇게 부지런하지 않다면 더 많은 음악을 듣지 못했을 테니까요. 더 많은 음악을 듣지 않았다면 더 좋은 음악을 알지 못했을 테니까요. 세상에는 무궁무진한 음악이 있고, 더 잘하는 뮤지션들과 더 좋은 음악이 많다는 걸 몰랐을 테니까요. 음악마다 다른 개성이 있다는 것을 몰랐을 테니까요. 오직 한두 가지 음악만 좋은 게 아니라 서로 다른 스타일의 좋은 음악이 많다는 걸 몰랐다면 리듬, 멜로디, 음색, 가사, 연주 등등 여러 측면에서 자기가 들은 음악만큼 좋은 음악을 해야겠다고 생각하지 못했을 거예요. 자신의 음악과 비교하면서 지금 자신의 실력이 어느 정도인지 깨닫지 못했을 거예요.

이제는 클릭 몇 번만 해도 얼마든지 좋은 음악을 들을 수 있어요. 하지만 좋은 음악을 찾아보지 않으면, 그 좋은 음악을 클릭하지 않으면, 음악을 직접 듣지 않으면 알 수 없어요. 음악을 찾고 듣는 일을 대신 해 줄 수 있는 사람은 아무도 없어요. 자기가 찾고, 자기가 들어야만 자기 것이 돼요. 밥 딜런이 음반을 찾아다닌 시간은 음악을 자기 것으로 만드는 시간이었어요. 음악이 고픈 밥 딜런은 모르는 음악을 찾아가 음악을 밥처럼 듣고 삼킨 거예요. 밥 딜런의 주식은 음악이었으니까요. 그 음악이 밥 딜런 안으로 들어가 밥 딜런의 감성과 영혼을 키운 거예요. 밥 딜런의 키는 10대 때 다 컸지만 감성과 영혼은 계속 자라나고 있었어요. 날마다 자기 자신에게 새로운 음악을 단비처럼 뿌려 주었으니까요. 그렇게 날마다 음악을 호흡하면 당연히 몸 안에 음악이 쌓이고 몸의 감각이 음악처럼 바뀌겠죠.


## 포크 음악에 빠져들다

그때 밥 딜런이 즐겨 들은 음악들은 대부분 블루스나 포크였어요. 당시 미국 대중음악계에는 달콤하고 부드러운 팝 음악들도 많았지만 밥 딜런의 취향은 달랐어요. 로큰롤도 좋아했지만 대학에 입학할 즈음에는 포크 음악에 빠져 있었죠. 밥 딜런은 자서전에서 자기가 존재하기 위해 필요한 것은 오직 포크 음악이었다고 이야기해요. 밥 딜런은 어느새 충성스러운 포크 음악 마니아가 되어 있었어요.

포크 음악은 우리나라의 민요 같은 민속 음악이에요. 우리나라의 민요는 장구나 북을 치면서 부르곤 하는데요. 미국의 포크 음악은 어쿠스틱 기타와 밴조, 하모니카, 바이올린을 연주하면서 불렀어요. 세상의 모든 민요가 그렇듯 미국의 포크 음악도 어렵지 않고 자연스러웠어요. 흔하게 들을 수 있었죠. 밥 딜런은 포크 음악의 자연스럽고 친근한 매력에 반했나 봐요. 미국에서는 음악학자와 뮤지션들이 구전되는 민요를 정리하고 다듬어서 쉽게 들을 수 있게 해 준 덕분에 밥 딜런처럼 젊은 뮤지션 지망생도 포크 음악을 좋아할 수 있었어요.

밥 딜런에게 쾨너와의 만남은 또 다른 만남으로 이어져요. 쾨너가 더 많은 사람을 만나게 해 주었거든요. 영문학 교수인 해리 웨버Harry Weber도 그중 하나예요. 웨버는 밥 딜런에게 많은 노래를 알려 줬어요. 발라드, 블루스, 포크 등 더 많은 노래를 알게 되면서 밥 딜런은 뮤지션마다 다른 보컬의 매력을 알게 되었어요. 노래 속 수많은 사연들을 더 깊이 이해하게 되었어요.

노래한다는 건 노래의 음정과 박자를 정확하게 표현하는 일만은 아니에요. 고음을 잘 내고 목소리가 크다고 노래를 잘하는 게 아니에요. 노래는 노래 속에 담긴 이야기와 감정을 표현하고 전달하는 일이에요. 그러려면 지금 이 노래가 어떤 이야기를 하고 있는지 알아야 해요. 노래 속에 어떤 감정이 담겨 있는지 알아야 해요. 자기가 노래에 담긴 이야기의 주인공이 되어야 해요. 자기가 쓴 곡이 아니더라도, 자기가 경험하지 않은 일이라도 자기가 노래를 부를 때만은 자기 이야기처럼 불러야 해요. 배우들만 연기를 하는 게 아니에요. 뮤지션들은 목소리와 표정으로 연기를 하는 거나 마찬가지예요. 좋은 뮤지션은 좋은 음악 연기자라고 할 수 있어요. 그래야 더 많은 사람들이 공감하고 감동할 테니까요. 밥 딜런은 새롭게 배운 노래들을 자신의 삶과 연결해서 이해했고, 음악의 본질로 차츰 다가갔어요.


## 아, 우디 거스리!

이렇게 음악에 푹 빠진 밥 딜런은 대학생이었지만 전업 음악인처럼 살았어요. 수업 교재를 읽거나 공부하지 않았고, 온종일 연주하고 노래했어요. 심지어는 기타를 손에 잡은 채 쓰러져 잠들곤 했어요. 그렇게 대학생으로 첫 여름을 보낸 밥 딜런은 임시로 머물던 동아리 회관을 떠나 새로운 방으로 이사해요. 얼마나 열심히 했는지, 미니애폴리스에 온 지 몇 달 만에 밥 딜런은 노래하고 연주하면서 돈을 벌고 있었어요. 텐 어클락 스칼러 같은 카페에서 연주할 때마다 밥 딜런은 3달러, 5달러씩 벌었어요. 그 돈으로 월세 30달러를 충당했어요.

운명적인 만남은 계속 이어져요. 눈이 내리는 한겨울, 밥 딜런은 배우 플로 캐스트너와 함께 자주 가던 작은 식당에서 이야기를 하고 있었어요. 불현듯 플로가 물어봐요.

"로버트, 우디 거스리에 대해 들어 본 적이 있어?"

우디 거스리는 미국 포크 음악의 아버지 같고 어머니 같은 뮤지션인데요.

"글쎄 솔로 음반을 들었는지 안 들었는지 모르겠어."

"그래? 오빠 린이 우디 거스리 음반을 가지고 있는데 한번 들어 볼래? 네가 좋아할 거 같아. 괜찮으면 지금 오빠 집에 가서 우디 거스리의 음악을 듣게 해 줄게. 뮤지션이라면 우디 거스리는 알아야 한다고."

"그렇단 말야? 그럼 저를 인도해 주시옵소서."

두 사람이 같이 있던 작은 식당에서 린의 집은 가까웠어요. 두 사람은 곧장 린의 집으로 가요. 린은 둘에게 우디 거스리의 음악을 틀어 줬어요. 우디 거스리의 옛날 음반인 싱글 음반과 정규 음반이었어요.

밥 딜런은 우디 거스리의 음악이 울려퍼진 순간 새로운 세상을 만나고 말았어요. 우디 거스리의 노래를 처음 듣고 엄청난 충격과 감동에 빠져 버렸거든요. 단지 노래를 들었을 뿐인데 밥 딜런은 정신을 차릴 수 없었어요. 정신이 혼미해지고 숨이 막힐 지경이었어요. 땅까지 갈라지는 느낌이었어요. 우디 거스리의 노래를 들어 보면 알 텐데요. 그의 노래는 대부분 자기 목소리와 어쿠스틱 기타 소리뿐이에요. 다른 악기를 많이 쓰지 않아요. 보컬이 화려하지 않은 아주 소박한 음악이에요. 지금 들으면 재미가 없다고 생각할 가능성이 높은 음악이에요.

하지만 밥 딜런은 우디 거스리의 목소리에 홀딱 반해 버리고 말았어요. 우디 거스리의 창법은 다른 누구와도 다르고, 강력하게 느껴졌어요. 밥 딜런에게 우디 거스리의 목소리는 시적이고, 멋있고, 리드미컬했어요. 작은 칼처럼 밥 딜런의 가슴에 꽂히는 것 같았어요. 밥 딜런에게 우디 거스리의 노래는 신을 만난 것처럼 놀라웠어요. 우디 거스리의 노래는 단숨에 밥 딜런의 영혼을 관통해 버렸어요. 노래로 벼락을 맞았다고 해야 할까요. 감동이 폭포처럼 쏟아져 밥 딜런은 어떻게 해야 할지조차 모를 지경이었어요. 밥 딜런의 음악 인생에서 가장 충격적인 시간이 펼쳐졌어요. 그날 오후 내내 밥 딜런은 홀린 듯한 기분으로 우디 거스리의 노래를 들었어요. 그리고 그의 노래를 따라 부르고 싶어졌어요.

어떤 풍경, 어떤 음식, 어떤 영화, 어떤 사람, 어떤 음악, 어떤 그

내 삶, 내 우주를 담아낸 음악

림은 순식간에 우리를 사로잡죠. 물론 그런 경험이 자주 있지는 않아요. 그렇지만 누구에게나 '첫눈에 반했다'고 말하게 되는 순간이 있어요. 보통 사랑에 빠졌을 때 첫눈에 반했다고 하는데요. 첫눈에 반하는 데는 채 10분도 걸리지 않아요. 사람의 마음은 그렇게 빨리 사로잡힐 수도 있어요. 사람은 이성으로 생각하는 존재이지만, 감성은 이성만큼 막강해요. 음악은 바로 감성을 움직이는 예술이에요. 밥 딜런은 순식간에 우디 거스리의 음악에 반해 그의 열렬한 추종자가 되어 버렸어요.

여러분은 이렇게 순식간에 마음을 빼앗긴 경험이 있나요? 마음을 빼앗기면 계속 보고 싶고, 듣고 싶고, 알고 싶어지죠. 검색해서 자료를 찾아보고, 저장할 수 있는 건 저장하고, 살 수 있는 건 사려고 하죠. 밥 딜런도 똑같았어요. 밥 딜런은 우디 거스리에 대해 알고 싶어졌어요. 그래서 우디 거스리의 자서전《바운드 포 글로리 Bound for Glory》를 빌려 읽어요. 밥 딜런은 자서전에도 빠져들었어요. 우디 거스리는 노동자와 미국의 전통을 사랑하고, 지배자들을 싫어하는 비판적인 뮤지션이었어요. 그의 기타에 자신의 기타가 파시스트를 제거한다고 써 두었을 정도예요. 그는 자신의 생각을 노래뿐만 아니라 칼럼 등으로도 표현했던 부지런한 예술가였어요.

우디 거스리에게 마음을 뺏긴 밥 딜런은 결심해요. 이제 우디 거스리의 노래 말고 다른 노래는 부르지 않겠다고 말이에요. 밥 딜

파시즘에 대한 저항의 메시지를 기타에 붙이고 노래한 우디 거스리

런은 우디 거스리의 제자가 되고 싶었기 때문에, 우디 거스리처럼 세상을 보면서 노래하겠다고 다짐해요. 그래서 몇 주 동안 린의 집에 드나들면서 계속 우디 거스리의 노래를 들어요. 미니애폴리스 공공도서관에도 가서 우디 거스리의 노래를 찾아냈어요. 우디 거스리의 노래를 찾아 들을수록 밥 딜런은 그에게 빠져들어요. 우디 거스리를 모방해야겠다고 생각한 밥 딜런은 실제로 한동안 우디 거스리의 노래만 불렀어요. 이번에는 우디 거스리가 자기에게 이렇게 말하는 것처럼 느끼기까지 해요. "나는 떠나겠지만 이 일을 네 손에 맡긴다. 네가 믿을 만하다는 걸 알고 있어." 물론 착각이었죠.

## 음악을 잘하는 사람이 너무 많아

그렇지만 우디 거스리로 인한 충격이 오래가지는 못해요. 또 다른 음악의 충격을 받기 때문이에요. 그 시절 밥 딜런이 계속 음악을 들으면서 충격을 받는 이유는 밥 딜런이 아는 세상이 아직 그렇게 크지 않았기 때문일 거예요. 밥 딜런은 열심히 음악을 들었고, 여기저기 쫓아다녔지만 미국의 변방에 머물고 있을 뿐이었으니까요. 밥 딜런은 아직 젊어서 음악을 들을 수 있는 시간이 많지 않았으니까요.

이번에는 포크 음악을 잘 알고 있는 영화학자 존 팬케이크Jon Pankake가 밥 딜런을 자극했어요.

"로버트, 왜 요즘 우디 거스리의 노래만 부르나요? 당신이 부르는 우디 거스리 노래는 좋지만 당신이 우디 거스리가 될 수는 없잖아요. 게다가 우디 거스리 같은 음악은 잭 엘리엇Ramblin' Jack Elliott 이라는 뮤지션이 이미 하고 있어요."

존의 충고는 냉정했어요.

"그런가요? 저는 잭 엘리엇은 모르는데, 그렇게 잘하나요?"

"잭 엘리엇을 모른다고요. 이런! 그럼 우리 집에 가서 들어 볼래요?"

"좋아요. 들어 보면 알 수 있겠죠."

존은 밥 딜런을 자기 집으로 데려가서 음악을 들려줘요. 잭 엘리엇은 실제로 우디 거스리의 장점을 완전히 자기 것으로 만들어서 노래하고 있었어요. 밥 딜런은 존의 말에 어떤 반박도 하지 못한 채 음악을 들어요. 잭 엘리엇은 밥 딜런이 따라 하고 싶은 음악을 이미 하고 있고, 게다가 잘했으니까요. 밥 딜런은 그 순간 음악을 잘하는 이들이 정말 많다는 사실을 깨달아요. 아마 기분이 좋지는 않았을 거예요. 하고 있는 일, 자기가 하고 싶은 일을 이미 더 잘하고 있는 사람을 만나면 부럽고, 자신이 초라해 보이기도 하잖아요.

내 삶, 내 우주를 담아낸 음악

자기가 하는 일을 항상 남들과 비교할 필요는 없지만 남들과 비교하지 않으면 지금 자기가 어느 정도 수준인지를 알기는 어렵죠. 사람은 다른 사람에게 비춰 볼 때만 자신을 알 수 있어요. 그때 자기가 어느 정도인지 알고, 자신의 실력을 인정하는 사람이 어른이에요. 행여 자기가 못하더라도 상대방의 장점을 솔직하게 인정하고 칭찬하는 사람이 어른이에요. 그 순간 성숙하게 행동할 수 있는 사람이 되기는 쉽지 않아요. 자기보다 훨씬 뛰어난 뮤지션을 둘이나 알게 된 밥 딜런은 기가 죽고 우울해졌어요.

훌륭한 뮤지션들에게 압도된 밥 딜런은 처음에는 우디 거스리를 따라 하다가 그다음에는 잭 엘리엇을 따라 해요. 그러자 존은 밥 딜런이 다른 사람을 따라 하고 있다고 지적하는데요. 밥 딜런은 한마디도 반박하지 못해요. 아직 밥 딜런은 우디 거스리도 넘어서지 못하고, 잭 엘리엇도 넘어서지 못했으니까요. 그저 흉내만 내고 있었으니까요.

하지만 밥 딜런은 이렇게 다른 뮤지션을 흉내 내면서 성장하고 있었어요. 좋은 뮤지션들의 음악에 자극받고 영향받으면서 배우고 있었어요. 자기가 보기에는 같은 자리에서 맴돌고 있는 것 같아 답답했겠지만 밥 딜런은 거북이처럼 쉬지 않고 걷고 있었어요. 다른 사람을 따라 하면서 밥 딜런 자신의 길을 찾고 있었던 거예요.

멋진 음악의 충격에서 헤어나오지 못하고 있을 때 밥 딜런은 조안 바에즈의 음악도 들었어요. 같은 해에 태어난 조안 바에즈는 밥 딜런보다 먼저 데뷔하고 인기를 끌었어요. 조안 바에즈의 음악과 그녀의 모습을 보면서 밥 딜런은 "성숙하고 매력적이고 강렬하고 신비롭게" 보이는 조안 바에즈에게 자극받았어요. 그래서 그녀의 노래도 따라 불렀어요. 언젠가는 만나게 되고, 함께 노래할 것만 같은 예감을 가지고 말이에요.

　이렇게 젊은 밥 딜런은 날마다 애쓰고 있었어요. 아직은 실력이 형편없고 헤매기만 하는 것처럼 보였지만, 이 모든 노력이 헛되지 않다는 걸 곧 알게 되죠. 노력은 사라지지 않고, 배신하지 않는다는 걸.

## 영웅의 마지막 날들을 함께하다

1961년 뉴욕에 도착한 밥 딜런은 일단 음반으로만 만났던 뮤지션들을 먼저 만나고 싶었어요. 특히 자신의 영웅인 우디 거스리를 꼭 만나고 싶었어요. 그래서 우디 거스리부터 찾아갔어요. 그는 유전병 때문에 뉴저지 모리스타운의 그레이스톤파크 정신병원에 입원해 있었죠. 밥 딜런은 여러 번 우디 거스리를 만나러 가요. 우디 거스리는 밥 딜런이 올 때마다 자기가 좋아하는 담배를 가져왔는지 물어봤고요.

밥 딜런은 우디 거스리 앞에서 우디 거스리의 노래를 불렀어요. 존경하는 뮤지션 앞에서 그의 노래를 부를 때 밥 딜런은 얼마나 기뻤을까요. 얼마나 떨렸을까요.

오클라호마의 브래디 아트 지구에 있는 우디 거스리 센터
ⓒPeter Greenberg

하지만 우디 거스리가 입원한 정신병원이 그다지 좋은 병원이 아니라서 밥 딜런은 늘 안타까웠어요. 속상했을 거예요. 우디 거스리는 그로부터 6년밖에 더 살지 못하고 세상을 떠나요. 고작 쉰다섯 살밖에 안되었을 때였어요. 지금 밥 딜런은 일흔이 넘었는데 말이에요. 그래도 밥

딜런이 우디 거스리를 만날 수 있어서 다행이에요. 우디 거스리는 분명히 저 하늘에서 밥 딜런의 음악을 들으며 응원하고 있을 거예요. 밥 딜런이 사다 주었던 담배와 자신에게 불러 준 노래를 떠올리면서. 다시 만날 날을 기다리면서.

밥 딜런이 우디 거스리를 찾아갔던 어느 날 우디 거스리는 자신의 미발표 작품 이야기를 하기도 해요. 아직 곡을 붙이지 않은 시와 가사가 자기 집 지하실 상자 안에 있다고. 밥 딜런이 마음대로 해도 된다고요. 아내 마지를 만나 이야기하면 상자를 열어 줄 거라면서 집을 찾는 방법도 알려 주었어요. 밥 딜런은 즉시 다음 날 우디 거스리의 집을 찾아갔어요. 때는 바야흐로 겨울. 브루클린의 늪지를 거슬러 집을 찾았어요. 밥 딜런은 무릎 아래가 죄다 물에 빠진 채 계속 걸어갔어요. 옷이 얼고 발은 감각이 없어질 지경이었어요. 그런데 이런! 우디 거스리의 아내는 집에 없었어요. 집에는 아들 아를로와 보모뿐이었어요. 결국 밥 딜런은 그냥 돌아와요. 이날 밥 딜런이 발견하지 못한 노랫말은 훗날 빌리 브랙Billy Bragg이라는 뮤지션이 음반을 내면서 인용했어요.

# 밥 딜런,
# 뉴욕으로 향하다

나는 음악 안에서 종교와 철학을 발견한다.
그 밖의 어떤 곳에서도 찾을 수 없다.

밥 딜런

음악만이 중요했던 밥 딜런은 1961년 대학도 그만두고 대도시 뉴욕으로
향해요. 당시 포크 뮤지션들의 성지였던 그리니치빌리지의 한 카페에서
공연을 거듭기 시작하는데요. 민속학 센터에서 포크 음악을 공부하던 중,
또 한 번의 커다란 기회가 밥 딜런을 찾아옵니다.

## 마음이 이끄는 대로, 뉴욕으로

미니애폴리스에서 경험을 쌓은 밥 딜런은 이제 더 넓은 세상으로 가고 싶다는 생각이 들었어요. 미니애폴리스에 있다 보니 자신이 음악을 잘 모른다는 걸 깨달았거든요. 또 일이 많지 않았고, 들을 수 있는 음악도 한계가 있었어요. 더 보고 싶고 더 듣고 싶어진 밥 딜런은 다시 떠나요. 대학 때문에 미니애폴리스로 왔지만 밥 딜런에게는 대학도, 대학 졸업장도 중요하지 않았어요. 밥 딜런에게는 음악뿐이었어요. 음악을 듣고 만나는 자유가 제일 중요했어요. 밥 딜런은 더 많은 음악을 듣고 싶었어요. 더 많은 뮤지션을 만나고 싶었어요. 더 멋진 음악을 하고 싶었어요. 그러려면 대도시로 가야 한다고 생각했어요.

미국에는 대도시가 많은데요. 가장 큰 도시는 뉴욕이에요. 미국의 수도는 워싱턴이지만, 미국의 실질적인 중심 도시는 뉴욕이죠. 제2차 세계 대전 전까지는 영국 런던과 프랑스 파리가 세계의 중심이었는데요. 전쟁이 끝난 뒤 판도가 바뀌었어요. 전 세계 예술가들은 뉴욕으로 몰려들었어요. 뉴욕에서 일을 벌였고, 작품을 발표했고, 주목받고, 유명해졌어요. 뉴욕은 활활 타오르는 용광로였어요. 밥 딜런도 뉴욕이 "사물을 끌어들이는 힘을 가진 자석"이라고 생각했어요. 밥 딜런이 좋아했던 포크 뮤지션들도 대부분 뉴

내 삶, 내 우주를 담아낸 음악

욕에 있었어요. 메트로폴리탄 미술관과 근대 미술관, 브로드웨이, 타임스퀘어가 있는 뉴욕은 지금도 세계 문화 예술의 중요한 축이에요.

1961년 밥 딜런은 많은 준비 없이 떠나요. 가방에 헌 옷 몇 벌을 챙기고, 기타와 하모니카 악보대를 메는 것으로 준비 끝. 지나가는 차를 얻어 타고 가요. 밥 딜런의 새로운 출발이에요. 밥 딜런은 이번에도 자신의 마음이 이끄는 대로 곧장 나아갔어요. 학교는 일년 만인 1960년에 이미 그만두었어요. 문학을 좋아하지만 밥 딜런의 꿈은 작가가 아니었으니까요. 밥 딜런은 과감했고 두려움이 없었어요. 아니, 두렵더라도 결정한 뒤에는 뒤돌아보지 않고 달려갔어요. 밥 딜런은 알고 있었나 봐요. 원하는 걸 다 가질 수는 없다는 사실을. 하나를 얻기 위해서는 다른 하나를 포기해야 한다는 걸.

밥 딜런은 공부하기 싫어서 학교를 그만둔 게 아니에요. 음악에 집중하기 위해 학교를 그만둔 거예요. 둘 다 잘할 수 없으니 더 중요한 일을 선택한 거예요. 스무 살 밥 딜런은 음악에 대해서만큼은 굳은 의지를 가지고 있었어요. 꿈을 향해 거침이 없었어요. 스스로 가고 싶은 길이 분명했고, 자신이 갈 수 있다고 생각했어요. 자신의 욕망과 능력을 알고, 자신을 믿은 거예요. 그 결단력이 지금 우리가 알고 있는 밥 딜런을 만들었어요. 사실 세상 누구도 능력만으로는 꿈을 이룰 수 없어요. 꿈을 이루려면 스스로 자신이

해야 할 일을 찾아서 해야 해요. 어쩌면 재능보다 노력이 더 중요할지 몰라요. 재능이 저절로 일을 하지는 않으니까요.


## 진보적인 포크 뮤지션들의 성지, 그리니치빌리지

밥 딜런은 이렇게 혼자 뉴욕으로 와요. 미드웨스트에서 시카고, 인디애나, 오하이오, 펜실베이니아를 거쳐서 뉴욕에 도착해요. 2,000킬로미터에 달하는 먼 길이에요. 추운 겨울 차를 타고도 18시간이 넘게 걸리는 길이었어요. 차를 얻어 타고 오면서 밥 딜런은 불편하다고 투덜대지 않고, 걱정된다고 두려워하지 않아요.

뉴욕에 도착한 밥 딜런은 미니애폴리스에서처럼 노래를 부르면서 생활을 하려고 했어요. 그러려면 당연히 노래할 수 있는 카페를 찾아야 했죠. 밥 딜런은 누군가의 추천으로 '카페 와wha?'에 찾아갔어요. 카페 와는 로어맨해튼의 서쪽 지역인 그리니치빌리지의 맥두걸 거리에 있었는데요. 낮 12시에 문을 열고 새벽 4시에 닫았어요. 카페 와에서는 날마다 여러 공연들이 열렸어요. 음악 공연만이 아니라 코미디, 복화술, 노래, 마술, 최면까지 다양한 공연들이 펼쳐졌어요. 저녁 8시부터는 전문적인 쇼가 열렸어요. 코미디

내 삶, 내 우주를 담아낸 음악

언과 뮤지션들의 시간이었어요.

아티스트들을 관리하는 사람은 프레디 닐Fred Neil. 그는 뮤지션이었어요. 프레디는 카페의 핵심으로 개성 있고 인기가 많았어요. 밥 딜런은 프레디를 만나요. 밥 딜런에게 연주를 시켜 본 프레디는 자기가 공연하는 시간에 하모니카를 불라고 해요. 밥 딜런은 이렇게 뉴욕 생활을 시작해요. 아직 자기 이름을 걸고 공연하지 못하지만 밥 딜런은 뭔가 할 수 있다는 것만으로도 감사했어요. 밥 딜런은 와에서 공연을 거들면서 식사를 해결하곤 했어요. 그리고 다른 뮤지션들을 만나고 음악을 들으면서 음악에 대해 더 고민하게 되었어요. 뉴욕에는 공연장이 많고, 멋진 뮤지션들 역시 많았으니까요. 밥 딜런의 레이더는 항상 음악을 향해 움직이고 있었어요.

그리니치빌리지에도 공연을 할 수 있는 클럽이 많았어요. 당시의 그리니치빌리지는 인기나 유행을 따라가지 않고 여러 사상에 대해 자유롭게 이야기할 수 있는 분위기였어요. 그래서 비판적이고 진보적인 포크 뮤지션들이 몰려들었어요. 밥 딜런은 그곳에서 공연하는 뮤지션들처럼 연주를 잘하고 싶었고, 더 많은 클럽에서 공연하고 싶었어요. 하지만 아직 불러 주는 곳이 없었던 밥 딜런은 일단 여러 곳을 돌아다니면서 공연해요. 당시 작고 허름한 카페와 클럽들에서는 뮤지션이 공연을 하고 모자를 돌리면 관객들

뉴욕 그리니치빌리지의 카페 와

이 돈을 내는 방식으로 운영했어요. 요새로 치면 '감동 후불제' 같은 방식인데요. 밥 딜런은 주말 오후 늦게부터 새벽까지 이곳저곳 다니면서 연주해 20달러를 벌곤 했어요. 그렇게 공연하면서 생계를 꾸려 가는 뮤지션들이 많았기 때문에 경쟁이 치열했어요. 쉽지 않은 시절이었죠. 밥 딜런에게는 아직 자신의 노래나 음반이 없었기 때문에 알려지지 않았고, 당연히 팬도 없었어요.

이때에도 밥 딜런은 포크 음악을 하고 있었어요. 1960년 빌보드 차트를 보면 엘비스 프레슬리와 레이 찰스Ray Charles 같은 로큰롤과 솔Soul 뮤지션들이 인기를 얻고 있었어요. 델 섀넌Del Shannon 같은 초창기 로큰롤 뮤지션들도 각광을 받기 시작했는데요. 그에 비하면 포크 음악은 확실히 옛날 음악처럼 느껴졌어요. 물론 달콤하게 만들어진 포크 음악들도 히트하긴 했는데요. 그런데 밥 딜런에게 중요한 건 그게 아니었어요. 밥 딜런은 노래를 노래답게 해내는 게 가장 중요했어요. 그래야 음악으로 듣는 이를 매료시킬 수 있다고 생각했어요.

밥 딜런에게 포크 음악은 단순한 음악이 아니었어요. 밥 딜런은 포크 음악으로 우주를 탐구한다고 생각했고, 그림을 그린다고 생각했어요. 세상에는 음악이 참 많고, 저마다 의미도 다른데요. 밥 딜런은 음악을 통해 사람과 삶과 세상에 대해 깊은 이야기를 하고 싶었나 봐요. 더 넓은 세상을 표현하고 싶었나 봐요. 음악으로 철학적인 표현을 하고 싶었나 봐요. 밥 딜런이 들었던 포크 음악들이 그랬으니까요. 그때부터 지금까지 포크 음악은 진지하고 의미 있는 음악일 때가 많으니까요.


## 민속학 센터에서 이루어진 '포크 자율 학습'

포크 음악을 더 잘하고 싶었던 밥 딜런은 본격적으로 포크 음악을 공부해요. 일종의 자율 학습을 시작한 셈인데요. 밥 딜런은 공부에 집중하기 위해 카페 와에서 연주하는 일도 그만뒀어요. 밥 딜런은 늘 가장 중요하다고 생각한 일이 있으면 다른 일은 과감하게 포기하곤 했어요. 자유롭다는 건 마음 내키는 대로 하는 게 아니에요. 자신의 욕망을 포기할 줄 아는 거예요. 갖고 싶고 하고 싶은 게 많으면, 갖고 싶고 하고 싶은 것들에 마음이 묶여 움직일 수 없어요. 자유로운 게 아니라 구속되어 있는 거죠. 가장 중요한 일을 위해 덜 중요한 일은 단념할 줄 아는 게 진짜 자유로운 거예요. 그래야 원하는 곳으로 훨훨 날아갈 수 있으니까요.

밥 딜런의 발길이 향한 곳은 뉴욕의 민속학 센터예요. 여기에는 많은 포크 음반과 자료들이 전시되어 있었거든요. 구전되던 노래들을 모아 놓은 민속학 센터에서 밥 딜런은 옛날 노래를 찾아 들어요. 미국은 큰 나라여서 곳곳에 민요가 많았는데, 민속학 센터에는 옛 민요와 악보가 잘 정리되어 있었어요. 덕분에 다른 지역에 가지 않으면 들을 수 없는 옛 민요들을 많이 들을 수 있었어요. 민속학 센터에는 민요뿐만 아니라 옛날 예술품과 생활용품들도 있어서 밥 딜런은 그 자료들도 훑어봐요. 밥 딜런은 옛날 사람들의 삶을 이해하면서 노래도 더 깊이 이해하게 되었어요. 누가 시키지 않은 공부를 직접 하면서 스스로 느끼고 배운 거예요.

민속학 센터에서 밥 딜런은 사람들도 만났어요. 민속학 센터를 운영하는 이지 영Izzy Young을 만나고, 자신이 예전부터 좋아하던 뮤지션 데이브 밴 론크Dave Van Ronk도 만나죠. 훗날 데이브를 모델로 영화 〈인사이드 르윈Inside Llewyn Davis〉이 만들어지기도 했는데요. 그 동네에서 데이브는 거리의 왕이었고 최고의 지배자였다고 할 만큼 실력이 훌륭했어요. 밥 딜런은 데이브를 알고 있었지만, 알은체하지 못했어요. 먼저 찾아가 말을 걸고 이야기를 하지 못했어요.

어느 날 데이브가 민속학 센터에 찾아왔을 때 비로소 밥 딜런은 말을 걸었어요.

"저기, 안녕하세요. 데이브 밴 론크 씨죠?"

"엇, 어떻게 저를 알고 계시나요?"

"이 동네에서는 유령도 데이브를 알고 있을걸요. 저는 오래전부터 당신 음악을 좋아했어요."

"오, 감사해요."

"반가워요. 저는 로버트 앨런 짐머맨이라는 뮤지션이에요. 카페 와에서도 연주했어요."

"그러시군요. 저도 반가워요."

"혹시 뭔가 물어봐도 괜찮다면, 어떻게 해야 클럽 개스라이트 Gaslight에서 공연할 수 있는지 알고 싶어요."

개스라이트는 유명한 클럽이었고, 연주자들에게 매주 수고비를 줬거든요. 그래서 밥 딜런은 꼭 그곳에서 공연을 하고 싶었죠.

"그래요? 실례가 안 된다면 지금 잠깐이라도 노래를 들려줄 수 있을까요?"

"즉석 오디션인가요? 물론이죠. 흠흠, 불러 볼게요."

그 자리에서 데이브는 밥 딜런에게 자기 연주 시간에 두 곡을 공연하라고 허락해 주었어요. 이렇게 해서 밥 딜런은 개스라이트 무대에 서게 돼요. 미니애폴리스의 카페에서 뮤지션들을 만났듯 민속학 센터에서 동료를 만나고 일을 찾게 된 거예요.

밥 딜런은 이렇게 차근차근 다른 사람들을 만나면서 배우고 더 많은 기회를 얻게 돼요. 이 모든 결과는 밥 딜런이 시도하고 노력한 덕분이에요. 밥 딜런이 민속학 센터에 가지 않았다면 데이브를 만나지 못했겠죠. 뉴욕에 오지 않았다면 더더욱 그랬겠죠. 밥 딜런은 늘 시도했고, 그 노력은 좋은 결과로 돌아오곤 했어요.

개스라이트에서 공연할 수 있게 된 순간 밥 딜런은 기뻤고, 자신감을 얻었어요. 운명이 자기를 지켜보는 것 같은 느낌을 받았죠. 우리는 살면서 운명의 눈빛과 얼굴을 마주치는 것처럼 느낄 때가 있죠. 때로는 고맙고, 때로는 원망스럽기도 한 순간. 하지만 받아들여야 할 순간.

# 밥 딜런,
# 첫 음반을 발표하다

내 노래에 등장하는 모든 사람들은 곧 나다.

밥 딜런

본명 대신 지금의 예명을 쓰게 된 밥 딜런은 클럽 개스라이트에서 공연하며, 동료들의 집을 떠돌며 지내요. 한편 도서관에 다니면서 세상의 사건 사고에 주의를 기울이고, 그걸 자기만의 노래로 만들려고 노력했죠. 그리고 제작자 존 해먼드를 만나 드디어 정식 첫 음반을 발매하게 됩니다.

내 삶, 내 우주를 담아낸 음악

# 밥 딜런이 된 밥 딜런

밥 딜런은 덜루스에서 히빙으로, 히빙에서 미니애폴리스로, 미니애폴리스에서 뉴욕으로 계속 옮겨 왔잖아요. 지역을 옮겨 오는 동안 음악인으로서 밥 딜런은 조금씩 깊어지고 단단해졌어요. 밥 딜런은 음악을 더 배우면서 하고 싶은 일들을 차근차근 해냈어요. 스스로 미션을 주고, 그 미션을 계속 클리어했다고 표현해도 좋겠네요.

그사이 밥 딜런에게는 큰 변화가 있었어요. 밥 딜런은 자신의 이름을 바꿨어요. 뉴욕에 온 밥 딜런은 비로소 밥 딜런이라는 이름을 쓰기 시작해요. 밥 딜런이 원래 쓰던 긴 이름을 기억하고 있죠? 밥 딜런은 덜루스를 떠날 때 로버트 앨런으로 이름을 바꿨는데요. 그 뒤에 딜런 토마스라는 유명한 시인의 시를 읽다가 로버트 딜런으로 이름을 바꿔 볼까 생각해요. 예술가들 중에는 예명을 쓰는 이들이 있는데 밥 딜런도 예명을 만들고 싶었던 거예요. 이름을 어떻게 바꿀까 궁리하던 중에 밥 딜런이라는 이름이 더 근사하게 들리는 것 같았어요. 그래서 새로운 이름을 밥 딜런으로 결정했어요. 그다음부터는 항상 자기를 밥 딜런이라고 얘기해요. 지금도 대중 예술인들 중에서는 본명 대신 예명을 쓰는 경우가 꽤 있는데요. 밥 딜런은 시인의 이름에서 영향을 받았다는 점이 독특하네요. 문학을 좋아하는 사람답고요. 이렇게 이름에서부터 문학을 가까이했기 때문에 노벨문학상을 받은 걸까요?

밥 딜런으로 이름을 바꾼 그는 이제 뉴욕 맨해튼 그리니치빌리지의 클럽 개스라이트에서 공연을 하기 시작했어요. 개스라이트는 인기가 많아서 늘 사람들로 붐볐어요. 밥 딜런이 보기에는 만 명이 넘어 보일 정도였어요. 밥 딜런은 그만큼 넓은 세계를 접하게 된 거예요. 사실 세상은 이미 넓었고, 밥 딜런은 이제야 노래의 길을 따라 넓은 세상으로 나아가는 중이었죠. 밥 딜런은 개스라이트에서 노래를 하면서 다른 곳에서 그랬듯 뮤지션들을 더 많이 알게 돼요. 그중에서 데이브 밴 론크와 특히 친하게 지냈어요.

밥 딜런은 한동안 그렇게 알게 된 사람들의 집을 떠돌면서 지냈답니다. 돈이 없었거든요. 당시에는 가난한 예술가들이 다른 이들의 집에서 머무는 경우가 많았어요. 소파에서 잠만 자는 방식으로 신세를 지는 거예요. 밥 딜런은 다른 이들의 집에서 지낼 때 그냥 잠만 자지 않았어요. 자연스럽게 그 사람들의 경험과 생각을 배웠어요. 뉴욕에는 밥 딜런을 자극하는 사람들이 많았어요. 그들은 집과 직장을 기계적으로 오가면서 살지 않았어요. 자신의 꿈을 향해 나아갔죠. 꿈을 버리지 않은 사람들이었어요. 밥 딜런은 그들과 친구가 되면서 그들이 읽은 책을 보았고, 그들이 들은 음악을 들었어요. 그들의 삶을 만났어요. 그들 덕분에 읽어 보지 않은 철학책과 소설책을 접하게 되었어요.

# 미지의 경험을 안겨 주는 책

밥 딜런이 모든 책을 좋아하거나 다 이해하지는 못했어요. 밥 딜런이 책 읽는 방법은 조금 남다른데요. 책의 중간을 먼저 읽어 보고 괜찮겠다 싶으면 처음부터 다시 읽었어요. 밥 딜런은 시집과 전기를 주로 읽었어요. 시를 읽으면서 기타로 멜로디를 붙이기도 했어요. 밥 딜런은 동서양의 책을 두루두루 읽으면서 이야기를 만들고 쓰는 방법을 배웠어요. 밥 딜런의 자서전 《바람만이 아는 대답Chronicles》에는 이때 읽은 책 이야기가 많이 나와요. 책은 자신이 아직 경험하지 않고, 느끼지 않고, 생각하지 않은 것들을 알게 해 주죠. 책은 몰랐던 것들을 알려 주면서 자신과 자신 밖의 세상을 체험하게 해 주는 훌륭한 도구예요.

밥 딜런은 훗날 직접 가사를 쓰는 사람이 되었는데요. 작가들이 책 속에서 이야기를 풀어 가는 방법을 보면서 많이 배웠을 거예요. 글을 쓰는 사람들이 모두 책을 많이 읽지는 않지만, 다른 사람들의 책을 보면서 배우는 경우가 많아요. 이야기를 어떻게 시작하고, 풀고, 맺는지 보면서 글 쓰는 법을 배우는 거예요. 책을 읽었다고 즉시 글을 잘 쓰게 되지는 않아요. 하지만 읽은 책은 내 안 어딘가에 근육처럼 남아 있어요. 책을 읽으면 생각의 근육, 글쓰기의 근육이 만들어져요. 근육이 있어야 운동을 잘하는 것처럼 글을 잘 쓰려면 생각과 글쓰기의 근육을 먼저 만들어야 해요.

뉴욕의 카페에서 노래하면서 밥 딜런은 실제 일어난 사건 사고를 노래로 만든 포크 곡들을 많이 불렀어요. 우리나라로 치면 뉴스나 〈세상에 이런 일이〉 같은 프로그램에 나올 것 같은 희한한 사건을 담은 노래들이에요. 포크 음악에는 예전부터 이렇게 사건 사고를 노래한 곡들이 많아요. 그래서 포크 음악이 현실 비판적이라는 이야기를 듣는지도 몰라요. 훗날 밥 딜런은 잘못된 현실을 비판하고 저항하는 뮤지션으로 이름을 떨쳤는데요. 이 당시 투철한 사회의식을 가지고 노래를 부르지는 않았어요. 그때는 아직 저항 가수라는 말이 없었고, 싱어송라이터라는 말도 없었어요. 밥 딜런이 좋아했던 우디 거스리는 비판적인 메시지가 담긴 곡들을 많이 불렀지만 밥 딜런은 우디 거스리가 비판적인 노래를 불렀기 때문에 좋아했던 것이 아니었어요. 그냥 우디 거스리의 음악을 좋아했던 거예요.

하지만 당시 밥 딜런이 몸담고 있던 뉴욕 맨해튼의 그리니치빌리지에는 확실히 비판적인 공기가 떠돌고 있었어요. 집값이 쌌기 때문에 예술가와 지식인들이 그리니치빌리지로 많이 몰려들었고, 그들의 자유분방한 생각이 동네를 가득 채우고 있었거든요. 그때의 밥 딜런을 본 뮤지션 리엄 클랜시Liam Clancy는 밥 딜런이 "그리니치빌리지라는 온실에 교묘히 들어와 줄담배를 피워 대는 귀여운

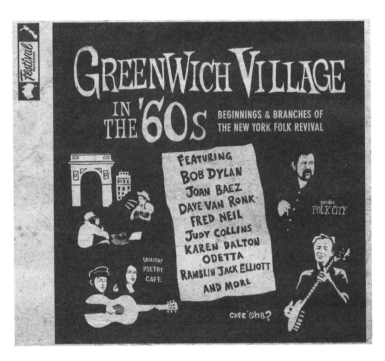

1960년대 그리니치빌리지 클럽들에서 활동한 뮤지션들의 음악을 모아 놓은 앨범 재킷

아기 천사" 같았고, "마치 스펀지와 같아 모든 것을 빨아들였다"고
했어요. 열정이 넘치는 밥 딜런의 모습은 다른 이들에게도 느껴질
정도였나 봐요.


## 나도 내 곡이 있었으면 좋겠어!

이제 뉴욕에 와서 노래를 하게 되었으니 밥 딜런의 꿈은 다 이루
어진 걸까요? 혹시 밥 딜런에게 또 다른 꿈이 있지 않았을까요? 있
다면 뭐였을까요? 그건 바로 자기 노래를 만들고 부르는 거였어
요. 밥 딜런이 존경한 뮤지션들처럼 자기 노래를 부르면서 활동하
는 거였어요. 뮤지션으로 활동하려면 클럽에서 노래를 하는 것만
으로는 부족했어요. 음반에 자기 노래를 담아 발표해야 했어요.
음반사와 계약을 하고, 음반사에서 음반을 만들어 주어야 했죠.

밥 딜런이 뉴욕에서 활동을 시작했을 때는 레코드 혹은 엘피LP
라고 부르는 바이닐 음반이 흔했어요. 우리나라에서는 보통 판이
라고 불러요. 혹시 엘피를 본 적이 있는지 모르겠는데요. 바이닐
음반은 커다란 플라스틱 재질 음반에 음악을 담는 방식이에요. 엘
피의 앞면과 뒷면에 각각 30분 정도의 음악을 담을 수 있어요. 요
즘에는 음반을 사지 않고 온라인으로 듣는 것 같지만, 지금도 엘

피는 계속 만들어지고 팔려요. 시디도 잘 안 듣는데 엘피가 계속 나온다니 신기하죠? 밥 딜런은 자기 이름이 박힌 엘피 음반을 만들고 싶었어요. 앞뒤에 한 곡씩만 넣은 싱글 음반 말고 많은 곡을 넣은 정규 음반을요.

그런데 자기 이름으로 음반을 만들려면 곡이 있어야 해요. 자신의 노래가 있어야 해요. 곡은 전문 작사 작곡가가 써 주는 경우와, 직접 곡을 쓰는 경우로 나뉘어요. 밥 딜런이 활동하던 시절에는 전문 작사 작곡가가 모여 공장처럼 곡을 만드는 경우도 있었어요. 틴 팬 앨리Tin Pan Alley라는 뉴욕 거리에서 그렇게 만들어진 곡들이 많아요. 반면 포크 뮤지션들은 직접 곡을 쓰곤 했어요. 포크 음악을 하는 밥 딜런도 당연히 직접 곡을 써야 했어요. 곡을 쓴다는 건 가사를 직접 쓰고, 직접 곡을 붙인다는 이야기예요. 다른 사람의 도움을 받을 수는 있지만 결국 자기가 하는 거예요.

가사와 곡은 어떻게 쓸까요? 일단 가사를 쓰려면 하고 싶은 이야기가 있어야 해요. 사랑 이야기이건, 이별 이야기이건, 가족 이야기이건, 자기 이야기이건, 세상 이야기이건 하고 싶은 이야기가 있어야 해요. 하고 싶은 이야기가 자기에게 찾아와야 해요. 이야기가 자기에게 찾아올 수 있도록 마음을 열어 두고 있어야 해요. 안테나를 올리고 세상을 향해 노크해야 해요. 자기에게 와서 이야기를 들려달라고, 자기가 받아 적겠다고 신호를 보내야 해요. 그래야 이야기가 불쑥 찾아오고, 찾아온 이야기를 놓치지 않을 수 있어요. 음악가는 이야기가 찾아오면 그 이야기를 가사와 멜로디로 받아써요. 시작과 끝이 있는 이야기로 정리해요. 누가 들어도 무슨 이야기인지 알 수 있게 만들어야 하니까요. 항상 가사가 먼저 찾아오고 곡이 나중에 찾아오는 건 아니에요. 곡이 먼저 찾아오기도 해요. 먼저 찾아온 곡의 분위기에 맞춰 가사를 붙이기도 해요. 어쨌든 곡과 노랫말로 이야기를 만들어 내는 건 쉬운 일이 아니에요. 계속 마음을 열고 자기에게 찾아오는 노랫말과 멜로디에 귀 기울여야 하니까요. 찾아온 이야기들을 다듬고 또 다듬어야 하니까요.

개스라이트에서 활동하면서 바로 자기 곡을 쓰고 싶지는 않았지만 밥 딜런은 계속 음악을 듣고 생각해요. 밥 딜런은 리듬앤블루스, 재즈, 포크 등등 장르를 가리지 않고 음악을 들었어요. 보통 한 장르를 좋아하면 다른 장르의 음악을 듣지 않는 경우가 많은데 밥 딜런은 달랐어요. 밥 딜런은 클래식 음악도 듣고 재즈도 들으면서 멜로디와 구조를 찾아내려고 노력했어요.

밥 딜런은 행크 윌리엄스Hank Williams라는 컨트리 뮤지션을 특히 좋아해서 그의 음반을 닳도록 들었어요. 행크 윌리엄스의 음반 [Luke the Drifter]를 들을 때는 아무것도 하지 않고 음악에만 집중했어요. 행크 윌리암스를 존중하는 마음을 그렇게 표현한 거예요. 밥 딜런

내 삶, 내 우주를 담아낸 음악

은 그의 음악을 계속 들으면서 작곡을 할 때 노랫말과 곡을 어떻게 연결하는지 배웠어요. 음악을 하는 사람에게는 음악을 듣는 일도 공부였어요. 밥 딜런은 책을 읽으면서 공부하고, 음악을 들으면서 공부한 셈이에요. 그렇게 음악을 다양하게 많이 들었기 때문에 나중에 여러 장르 음악을 다양하게 잘할 수 있었을 거예요.


## 밥 딜런이 종일 신문 기사를 읽은 이유는?

밥 딜런이 뉴욕에 올 때부터 자기 곡을 써야겠다고 생각하지는 않았다고 했잖아요. 밥 딜런은 자기가 언제 어떻게 곡을 쓰게 되었는지 정확하게 이야기하지는 않아요. 당시 밥 딜런처럼 카페와 클럽에서 공연하는 이들은 블루스, 컨트리, 포크 음악을 주로 연주했는데요. 자기 곡을 갖고 있지 않은 이들이 훨씬 많았어요. 밥 딜런은 어느 날 유명한 포크 뮤지션들이 모인 자리에서 마이크 시거Mike Seeger라는 뮤지션의 노래를 듣고 충격을 받은 다음, 그가 알지 못하는 자신의 포크 음악을 만들어야겠다고 생각하게 되었다고 해요. 밥 딜런이 처음으로 쓴 곡은 우디 거스리를 위한 곡이었어요. 이 곡은 밥 딜런의 첫 음반에도 실려요.

밥 딜런은 몇 곡의 노래를 만들어서 노래할 때마다 다른 사람 노래인 것처럼 불렀어요. 그 곡이 히트할 거라고 기대하지 않았어요. 그 노래들은 밥 딜런의 습작 같은 곡이었으니까요. 밥 딜런은 훗날 위대한 뮤지션이 되었지만 처음부터 엄청난 명곡을 쓰지는 못했어요. 어떤 천재도 처음부터 명곡을 쓰지는 못해요. 음악 만드는 방법을 알게 되고 자신의 스타일을 찾아내기까지는 시간이 필요해요.

다른 뮤지션에게 자극을 받고 노래를 만들기로 마음먹은 밥 딜런은 자신이 하고 있는 포크 음악 스타일로 노래를 만들려고 했어요. 그건 바로 옛날 포크 음악처럼 사람들이 사는 얘기를 하는 거였어요. 세상에 일어난 사건을 이야기하는 거였어요. 그런 이야기를 쓰기 위해 밥 딜런은 뉴욕 도서관으로 가요. 노래를 쓰려고 도서관에 간다고 하면 조금 이상하게 생각할 수도 있는데요. 밥 딜런은 자기 식대로 준비한 거예요.

도서관에 간 밥 딜런은 신문 기사부터 읽었어요. 100년 전의 신문 기사 마이크로필름을 샅샅이 훑으면서 사람들이 어떻게 사는지 살펴봤어요. 그때 미국은 노예 제도 때문에 남과 북으로 나뉘어 대립하고 있었는데요. 밥 딜런은 사람들의 일상생활이 궁금했거든요. 세상에는 수많은 사건 사고가 일어나고, 그것을 보면 사람들이 어떻게 사는지 진실을 알 수 있다고 생각했거든요. 포크는 그런 이야기를 노래하는 경우가 많았으니까요. 밥 딜런은 신문에서 읽은 수많은 이야기들을 자신의 기억 속에 담아 두었어요. 훗날 자기의 노래로 끄집어 낼 수 있을 거라고 생각하면서 말이죠. 노래를 만들기 전에 노래를 만들 수 있는 재료를 장작처럼 쌓아 둔 거예요.

노래를 만들려면 이야기가 필요하잖아요. 그 이야기는 자기의 이야기이거나 다른 사람의 이야기일 수밖에 없잖아요. 그래서 예술가들은 일기를 쓰거나 메모를 하면서 이야기를 적어 둬요. 당장 작품으로 만들지 않더라도 작품을 만들 수 있는 재료들을 차곡차곡 모으는 거예요. 그리고 틈틈이 그 재료들을 꺼내 작품을 만들어 두는 거예요.

개그맨이나 영화감독 중에는 버스나 지하철을 타고 다니면서 앞에 앉은 사람의 얼굴을 보고 그 사람이 살아온 인생을 상상해 보는 사람도 있어요. 사람마다 분위기가 있는데 그 분위기만 보고 이야기를 만드는 연습을 하는 거예요. 영화 〈8마일8mile〉을 보면 세계적인 래퍼 에미넴Eminem이 혼자서 랩 가사를 쓰는 장면이 많이 나와요. 에미넴은 일하러 다니는 버스 안에서 메모하고 랩을 중얼거리죠.

예술 작품은 갑자기 영감이 찾아와서 만들어지지 않아요. 이렇게 꾸준히 이야기를 모으고 만드는 연습을 해야 만들 수 있어요. 밥 딜런은 바로 그 연습을 한 거예요. 예술가들은 이렇게 혼자 꾸준히 노력하는 사람들이에요. 절대 대충대충 살다가 문득 일하고 싶을 때 일하는 사람들이 아니에요. 그렇게 해서는 좋은 작품을 만들 수 없어요.

밥 딜런은 다른 방식으로도 훈련을 해요. 짧은 곡을 반복하려는 습관을 버리고요. 처음에 읽은 것을 기억하는지 보려고 점점 긴 시를 읽기 시작했어요. 긴 시를 읽으면서 자신을 안정시키는 훈련, 집중하는 훈련을 했어요. 밥 딜런은 자기가 좋아했던 포크 뮤지션들의 음악에서 영향을 받았지만 그들을 흉내만 내고 싶지는 않았어요. 새롭고 철학적인 포크 음악을 만들고 싶었어요. 밥 딜런은 유행하는 문화를 좋아하지 않았고, 그에게 노래는 "가벼운 오락 이상의 의미"를 가지고 있었으니까요. 밥 딜런에게 "노래는 개인 교사였고, 현실의 변화된 의식으로 가는 안내자였고, 해방된 공화국"이었어요. 노래를 통해 삶을 배우고, 생각을 바꾸고, 자유를 만끽하고 싶었던 거예요. 모든 노래가 다 그래야 하는 건 아니지만 밥 딜런은 노래에 진실한 의미를 담고 싶었어요. 노래가 삶을 바꿀 수 있기를 바랐어요.

그렇게 음악을 고민하고 있을 때 음반사에 소개해 주겠다는 제안을 받기도 했지만 거절했어요. 밥 딜런은 개스라이트에서 노래하고, 쉬고, 사람들과 어울리는 일이 만족스러웠거든요. 밥 딜런은 이즈음 술집에서 아직 스타가 되지 않은 기타리스트 지미 헨드

내 삶, 내 우주를 담아낸 음악

릭스Jimi Hendrix를 만나기도 했어요. 밥 딜런은 지미 헨드릭스가 가사 쓰는 걸 도와주기도 했어요. 하루하루가 자유롭고 평화로웠어요.


## 그녀의 이름은 수지

하지만 금세 놀라운 일들이 하나둘 이어졌어요. 밥 딜런이 사랑에 빠진 거예요. 개스라이트에서 만난 포크 음악 관계자 컬러 로톨로가 밥 딜런에게 여동생을 소개시켜 준 덕분이에요. 그녀의 이름은 수지 로톨로Suze Rotolo. 밥 딜런은 열일곱 살 수지에게 첫눈에 반해 버렸어요. 아름다운 피부에 금발 머리를 가진 수지는 출판물에 그림을 그리거나, 뉴욕 연극계에서 그래픽 디자인을 하고 있었는데요. 개스라이트에서 잠깐 이야기를 나누고 헤어진 다음에도 밥 딜런은 수지 생각을 지울 수 없었어요. 일부러 생각하는 게 아니었어요. 생각하지 않으려고 해도 생각이 멈추지 않았어요. 수지에게 사로잡혀 버린 거예요. 수지 생각을 잊으려고 영화를 보러 가도 영화에 집중할 수 없을 정도였어요.

사랑에 빠진 밥 딜런을 온 우주가 도왔는지 밥 딜런은 컬러를 우연히 다시 만나요. 그리고 알게 되죠. 수지도 자기를 만나고 싶어

한다는 걸. 밥 딜런과 수지는 이렇게 해서 다시 만나고, 사랑하는 사이가 돼요. 하지만 수지의 어머니 메리는 밥 딜런을 탐탁지 않게 생각했어요. 밥 딜런이 유명하지 않고, 직장도 없어서예요. 그래도 두 사람의 마음은 갈라지지 않아요.

사랑을 하게 되면 서로 알게 되고, 영향을 주고 받게 되죠. 혼자라면 하지 않고 보지 않았을 것들을 좋아하게 되고 배우게 되죠. 밥 딜런은 수지가 일하고 있는 연극계 공연을 보고 전시장에 다니면서 자극을 받아요. 예술가들이 모이는 카페에도 가게 되었어요. 음악뿐만 아니라 다른 예술 장르를 계속 접하면서 밥 딜런은 예술을 보는 감각을 더 훈련하게 되었어요. 당시 예술의 스타일과 트렌드가 바뀌는 걸 보게 되었고요. 미술 작품을 보면서 음악과 비슷한 점을 발견하기도 했어요. 이것저것 섞어 놓은 컬래버레이션 Collaboration 미술 작품을 보면서는 가사를 저렇게 쓸 수 있을까 생각하기도 했어요. 예술은 인간의 감정과 생각을 표현하기 때문에 장르가 다르더라도 통하는 게 있죠. 밥 딜런은 예술가라서 다른 장르의 작품을 봐도 훨씬 빨리 느꼈을 거예요. 감수성이 예민한 청년 예술가였으니 더더욱 그랬겠죠.

특히 밥 딜런은 브레히트 Bertolt Brecht 의 연극에 커트 베일이 곡을 붙인 공연을 보러 갔다가 큰 충격과 감동을 받았다고 해요. 그 공연에서 사용한 곡들이 밥 딜런이 듣기에는 무척 거칠고, 괴상하고,

발작적이고, 기묘했거든요. 공연을 보고 난 밥 딜런은 혼자 생각했어요. 왜 곡을 그렇게 만들었고, 왜 그 곡에 압도되었는지. 멜로디와 리듬과 구조와 형식을 어떻게 했길래 자신이 반했는지 계속 생각했어요. 음악이 단지 반짝 떠오른 생각만으로 만들어지지는 않기 때문이에요. 음악은 영감으로 시작하지만 시작과 끝이 있고, 핵심적인 반복이 있죠. 밥 딜런은 그 구조를 어떻게 만들어야 이렇게 강한 인상을 주는지 생각했어요. 노래를 만들 때 어떻게 연출하는 것이 효과적인지 고민한 거죠. 밥 딜런은 좋은 작품을 만나면 항상 생각했어요. 그냥 넘어가지 않았어요. 이렇게 하면서 밥 딜런의 음악 고민은 깊어졌어요. 이런 식으로 밥 딜런은 음악을 더 잘 만드는 훈련을 하고 있었어요.

밥 딜런이 그림을 그리기 시작한 건 그때부터였어요. 수지 덕분이었죠. 밥 딜런은 일단 가까이 있는 것부터 그리기 시작했어요. 집의 작업용 테이블에 앉아 장미, 연필, 칼, 핀, 빈 담뱃갑 같은 것들부터 그렸어요. 그림을 그릴 때 시간 가는 걸 잊어버릴 만큼 빠져들곤 했어요. 밥 딜런은 이렇게 그림 그리는 취미를 갖게 돼요.

사랑이 바꿔 놓은 건 취미만이 아니었어요. 다른 이들의 집을 떠돌아다니던 밥 딜런은 뉴욕에 온 지 1년 만에 월세로 집을 구했어요. 뉴욕 웨스트 4번가 161번지의 엘리베이터가 없는 건물 3층이었어요. 월세 60달러짜리 집이었는데요. 작은 침실과 부엌, 거실

이 전부인 작은 집에 자리 잡은 밥 딜런은 직접 테이블을 만들고, 선반과 침대 받침도 짜 맞췄어요. 쇠톱과 정, 스크루드라이버로 가구를 조립하고 거울도 만들었어요. 중고 텔레비전, 매트리스, 깔개, 오디오를 놓으니 꽤 근사한 집이 되었어요. 역시 밥 딜런은 혼자서도 거침없는 사람인가 봐요. 뉴욕에 온 뒤로 한동안 다른 이들의 집을 떠돌아다녔는데, 혼자 책을 보며 음악을 들을 수 있는 집이 필요했어요. 다툼이 없고 편안한 집, 책임질 일 없고 자유롭게 드나들 수 있는 집을 원했어요. 누구에게나 혼자만의 시간과 혼자만의 공간이 필요하니까요. 밥 딜런처럼 작품을 만드는 사람이라면 더더욱.

## 제작자 존 해먼드를 만나다

드디어 밥 딜런이 자신의 음반을 만들게 되는 계기가 찾아왔어요. 이번에도 뉴욕에서 만난 사람들 덕분이었는데요. 밥 딜런은 캐롤린 헤스터Carolyn Hester라는 뮤지션이 컬럼비아 레코드에서 세 번째 음반을 녹음할 때 하모니카를 연주해 달라는 부탁을 받아요. 그래서 캐롤린의 아파트에 찾아갔는데요. 그곳에 있던 존 해먼드John Hammond라는 제작자가 밥 딜런의 노래와 연주를 보게 되었어요. 존 해먼드는 밥 딜런에게 녹음 경력이 있는지 물어보았답니다. 밥 딜런은 아직 그런 경험이 없었어요.

 그 즈음 밥 딜런은 조금씩 이름을 알리고 있었어요. 비평가 로버트 셸턴Robert Shelton은 밥 딜런이 "언급할 만한 가치가 있는 새로운 유망한 재능 가운데 하나"라고 이야기해요. 밥 딜런의 중얼거리는 창법에 대해서도 말하는데요. 밥 딜런은 미국에서 가장 유명한 포크 클럽 '거디스 포크 시티'에서 연주한 후에 〈뉴욕타임스〉의 포크 재즈 섹션 비평에서 호평을 받았어요. 그리고 로버트가 다시 열정적으로 비평을 해 준 거예요. 존 해먼드는 그 기사를 보았는데요. 캐롤린 헤스터의 녹음이 끝난 후 밥 딜런을 스튜디오 조정실로 데려가서 물어봐요.

 "로버트, 할 이야기가 있어요. 괜찮다면 우리 컬럼비아 레코드에서 음반을 내 보면 어떻겠어요?"

 밥 딜런은 깜짝 놀랐어요. 컬럼비아 레코드는 작은 회사가 아니었거든요. 컬럼비아에는 토니 베넷Tony Bennett을 비롯한 유명 뮤지션들이 여러 명 소속되어 있었어요. 유명한 회사에서 갑자기 무명의 밥 딜런에게 음반을 내자고 제안했으니 놀랄 수밖에요. 밥 딜런은 은하계 별까지 날아오르는 기분이었어요.

 "당연히 좋죠. 컬럼비아 레코드에서 음반 내자는데 싫다고 할 뮤지션이 있나요?"

밥 딜런은 내심 놀라지 않을 수 없었어요.

밥 딜런의 운명이 요동치고 있었어요. 대형 음반사의 제작자가 보기에도 밥 딜런의 음악이 매력 있게 느껴진 거예요. 상업적으로 성공할 수도 있고요. 당장 히트하지 못하더라도 다른 성과를 거둘 수 있다고 생각했을 수 있어요. 좋은 음악은 시간이 걸리지만 결국 사람들이 알아보고 좋아하게 되기도 하니까요. 존 해먼드는 베시 스미스Bessie Smith, 빌리 할리데이Billie Holiday, 베니 굿맨Benny Goodman, 카운트 베이시Count Basie를 비롯한 위대한 뮤지션들을 많이 발굴해 낸 실력 있는 제작자였어요. 특히 그는 흑인 음악에 애정이 깊었고, 불평등한 흑인들의 삶에 대해서도 관심이 많았어요.

"수락해 줘서 고마워요. 당신 음악을 들어 봤는데요. 유행의 첨단을 걷는 음악은 아니지만 블루스와 재즈와 포크의 오랜 전통 선상에 있는 사람이라고 생각해요. 그래서 음반을 내고 싶어요."

밥 딜런의 음악은 달콤하지도 부드럽지도 않았지만 존 해먼드는 밥 딜런의 음악이 가진 개성을 알아차렸어요. 확실히 존 해먼드는 전문가였고, 그의 눈은 정확했어요. 곧 세계적인 거장이 된 밥 딜런을 발견했으니까요.

존 해먼드는 그 자리에서 밥 딜런에게 계약서를 내놓아요. 남다르지 않은 보통 계약서였어요. 밥 딜런은 떨렸지만 차분하게 이름을 쓰고 컬럼비아 레코드와 계약을 했어요. 밥 딜런의 첫 공식 음반 계약이었어요. 밥 딜런의 지난 시간들은 이렇게 유명 음반사 담당자도 그를 인정하게 만들었어요. 재능이 뛰어난 사람은 숨어 있어도 저절로 알려진다는 뜻의 낭중지추囊中之錐라는 말처럼, 밥 딜런이 개성과 매력을 느낄 수 있는 에너지를 쌓아 가고 있었기 때문일 거예요. 존 해먼드는 밥 딜런에게 음반 녹음 날짜와 장소를 알려 줬어요. 모든 일이 순식간에 진행되기 시작했어요.


## 첫 음반 발매!

계약서를 받은 존 해먼드는 밥 딜런에게 로버트 존슨Robert Johnson을 비롯한 두 장의 미발매 음반을 전해 주었어요. 앞으로 회사에서 낼 음반이니까 한번 들어 보라는 의미였어요. 밥 딜런은 그 음반들을 안고 곧장 밴 론크의 아파트로 가요. 두 사람은 함께 로버트 존슨의 음반 [King of the Delta Blues Singer]를 들어요. 밴 론크도 로버트 존슨의 음악을 들어 보지 못한 상태였어요. 로버트 존슨은 당시만 해도 잘 알려지지 않은 뮤지션이었고 이미 세상을 뜬 뒤였어요. 하지만 그는 지금까지 블루스 음악의 최고봉으로 군림하는 전설적인 뮤지션이에요. 수많은 뮤지션들이 그의 음악을 듣고 따라 했죠. 그의 음악은 여전히 사랑받고 있어요.

로버트 존슨의 음악을 들은 밥 딜런은 우디 거스리의 음반을 처음 들었을 때처럼 깊은 감동과 충격을 받았어요. 그동안 밥 딜런도 블루스 음악을 꽤 들었지만 로버트 존슨의 음악은 완전히 달랐어요. 사실 로버트 존슨은 우디 거스리만큼 위대한 뮤지션이니 밥 딜런이 빠져드는 건 당연한 일이었어요. 음반의 첫 음부터 밥 딜런은 머리카락이 곤두서는 느낌으로 몰입했어요. 하지만 의외로 밴 론크는 로버트 존슨의 음악에 감동을 받지 못했어요. 다른 뮤지션과 비슷하다고 할 뿐이었어요.

밥 딜런은 집에 돌아와 몇 주 동안 혼자 그 음반을 반복해서 들었어요. 그냥 듣기만 하지 않고, 음악을 어떻게 만들었는지 생각했어요. 그리고 로버트 존슨의 노래 가사를 종이에 옮겨 적어 살펴보면서 노랫말을 어떻게 썼는지 분석했어요. 노랫말의 흐름을 어떻게 만드는지 꼼꼼하게 살펴보고, 누가 그의 노래를 들었을지 생각해 봤어요. 자신에게 깊은 인상을 준 곡들을 이렇게 파고들고 연구했기 때문에 밥 딜런도 좋은 곡을 쓰게 된 게 아니었을까요? 이런 노력들이 쌓이고 쌓이면서 노벨문학상을 받을만큼 뛰어난 노랫말을 쓰게 된 게 아닐까요? 좋은 작품들로부터 영향을 받고 배우면서. 스스로 좋은 작품의 비밀을 깨달으면서. 밥 딜런은 로버트 존슨의 곡을 따라 부르기도 하고, 로버트 존슨 이야기를 담아 〈The Death of Robert Johnson〉이라는 곡을 만들기도 했어요.

밥 딜런의 첫 번째 앨범 재킷

밥 딜런은 이렇게 계약을 맺고 1962년 3월 19일, 컬럼비아 레코드에서 첫 번째 음반을 내놓았어요. 수록곡은 13곡. 전체 길이는 36분 11초였어요. 곡 수에 비해 길이가 짧은 편인데요. 이 음반에는 포크, 블루스, 가스펠 곡과 창작곡이 함께 담겼어요. 밥 딜런이 만든 〈Talking New York〉은 밥 딜런의 뉴욕 생활을 담은 곡이었고요. 〈Song to Woody〉는 우디 거스리에게 바치려고 그가 처음으로 만든 노래였어요. 밥 딜런이 누구에게 영향을 받았고 어떤 음악을 하고 싶어 하는지 분명하게 드러낸 음반이에요.

우디 거스리와 블루스 뮤지션들의 영향이 강하게 묻어 있는 이 음반은 대중적으로 성공하지는 못했어요. 겨우 5,000장밖에 팔리지 않았거든요. 사실 회사에서도 이 음반을 만들지 말라는 의견이 있을 정도였어요. 하지만 존 해먼드는 끝내 음반을 만들어 냈어요. 그 덕분에 한때 밥 딜런은 '해먼드의 바보'라고 놀림을 받기도 했어요. 그래도 훗날 이 음반에 수록된 곡 중에서 〈House of the Rising Sun〉은 밴드 애니멀스The Animals가 리메이크해서 엄청나게 유명해졌죠.

처음으로 만든 음반이 잘 팔리지는 않았지만 밥 딜런은 크게 실망하거나 좌절하지는 않았어요. 자신감이 넘쳐서라기보다는 아직 자기를 다 보여 준 게 아니라고, 앞으로 잘하면 된다고 생각하지 않았을까 싶네요. 음반사와 계약을 맺고 음반을 내게 된 것만

내 삶, 내 우주를 담아낸 음악

해도 의미 있는 일이니까요. 밥 딜런은 이렇게 자신의 음악 인생을 시작했는데요. 일단 시작했다는 게 가장 중요하죠. 시작하면 계속 할 수 있으니까요.

# 지금 어디선가 벌어지는 누군가의 이야기

밥 딜런은 신문에서 읽은 사건 사고 이야기들을 기억 속에 담아 두었다가 노래로 만들었다고 했죠. 그중 1964년에 발표한 음반 [The Times, They Are A-Changin']에 수록된 〈Ballad of Hollis Brown〉 가사를 함께 볼까요.

> 홀리스 브라운의 발라드*
>
> 홀리스 브라운
> 그는 도시 바깥에서 살았지
> 아내와 다섯 아이들과 함께
> 다 무너져 가는 오두막집에서
>
> 당신은 일감과 돈을 구하러
> 바위투성이 먼 길을 걸었지
> 당신은 일감과 돈을 구하러

● 《밥 딜런: 시가 된 노래들 1961-2012》의 번역문을 부분 인용함.

바위투성이 먼 길을 걸었지

당신의 아이들은 너무 배가 고파서

웃는 법을 모르지


(중략)


당신은 저 위의 그분에게 기도했지

오 제발 제게 친구를 보내 주소서

당신의 텅 빈 주머니가 당신에게 말하지

어떤 친구도 얻을 수 없을 거라고


(중략)


당신의 머리에서 피가 흐르고 있지

당신의 다리는 설 수 없을 것 같아

당신의 눈은 당신의 손에 들린

엽총에 붙박여 있지


오두막 입구에 이는

일곱 번의 미풍

거친 바다의 울부짖음 같은

일곱 번의 총성 울렸지

사우스다코다의 어느 농장에는

일곱 명의 죽은 사람들

멀리 떨어진 어딘가에는

새로 태어난 일곱 명의 사람들


무척이나 슬프고 비극적인 이야기인데요. 밥 딜런은 이렇게 한 곡의 노래에 홀리스 브라운 가족의 처절한 삶을 한 편의 영화처럼 생생하게 담았어요. 홀리스 브라운이 누구인지 모르는 사람도 이 노래를 들으면 벼랑 끝으로 몰린 사람들의 삶에 대해 알게 되고, 그가 느꼈을 고통을 함께 느끼게 돼요. 내 친구가 아니고 이웃이 아니라도 외면할 수 없게 돼요. 홀리스 브라운이 힘들어도 하지 말았어야 할 행동을 했지만, 이 노래를 들으면 왜 이런 일이 일어났는지, 그리고 이런 일이 일어나지 않으려면 어떻게 해야 하는지까지 생각하게 돼요.

내 삶, 내 우주를 담아낸 음악

3

Bob Dylan

흐르는 바람처럼

자유롭게

# 밥 딜런,
# 명반을 만들다

나는 우리 모두를 위해 말하고 있다.
나는 한 세대의 대변자이다.

밥 딜런

1963년 밥 딜런은 2집 앨범을 내놓는데요. '자유분방한 밥 딜런'의 이미지를 각인시키며 호평과 찬사를 받았고, 1962년부터 1970년까지 거의 매해 새 음반을 발표했어요. 당시 미국은 인종 차별에 대한 저항이 타오르던 시기였고, 밥 딜런을 비롯한 포크 뮤지션들은 거기에 음악으로 연대했답니다.

## 뮤직 비즈니스의 세계로

자신의 첫 음반을 만든 뒤 밥 딜런은 다른 뮤지션의 음반 작업에도 참여하곤 했어요. 하모니카와 코러스를 녹음하거나, 가명으로 다른 뮤지션의 음반 연주를 맡았어요. 그렇게 음악을 하면서 살아가고 있었어요.

그러던 중 소속 회사를 옮길 뻔한 일이 생기죠. 앨버트 그로스맨 Albert Grossman이 밥 딜런의 매니저가 된 후 일어난 일이에요. 앨버트는 그 동네에서 유명한 매니저였는데요. 밥 딜런을 담당하는 에이전트가 된 앨버트는 리드 음악사라는 회사와 새로운 계약을 맺어 버렸어요. 그러곤 밥 딜런에게 존 해먼드와 맺은 계약을 파기하라고 해요. 스물한 살이 되기 전 미성년일 때 계약을 맺었기 때문에 불법이라고 얘기하면 된다고 꼬드기죠.

하지만 밥 딜런은 자신을 데뷔시켜 준 존 해먼드를 배반할 수 없었어요. 존 해먼드는 미성년자 밥 딜런과 맺은 계약을 고쳐서 재계약을 맺었고요. 앨버트는 결국 리드 음악사와 맺은 계약을 취소할 수밖에 없었어요. 그렇지만 앨버트는 1970년까지 계속 밥 딜런의 매니저로 남았어요. 앨버트는 밥 딜런이 가장 빛나던 시절을 함께 만든 매니저예요. 이제 밥 딜런은 유명 음반사와 계약해서 음반을 내고, 실력 있는 매니저까지 둔 뮤지션이 되었어요. 아직 히트곡은 없었지만 업계 사람들은 밥 딜런을 주목하기 시작했어요. 밥 딜런은 유명해질 준비를 하고 있었어요. 뮤직 비즈니스의 중심으로 성큼성큼 다가가고 있었어요.

1962년 12월부터 이듬해 1월까지 밥 딜런은 영국에 다녀왔어요. 이때 밥 딜런은 자신의 대표곡이 된 〈Blowin' in the Wind〉를 처음 공개했고요. 런던의 포크 클럽을 돌며 공연했어요. 열화와 같은 환호는 없었지만 밥 딜런은 계속 움직이고 있었고, 계속 노래하고 있었어요. 영국 공연을 하면서 밥 딜런은 마틴 캐시Martin Carthy 같은 영국 뮤지션과 리처드 파리나Richard Farina라는 작가에게 자극을 받았어요.


## 인종 차별에 저항하여 노래하다

밥 딜런은 1962년부터 1970년까지 8년 사이에 11장의 정규 음반을 발표했어요. 보통 정규 음반에는 10곡 이상의 신곡이 담기니까 8년 동안 100곡 이상의 노래를 만들고 부른 셈이에요. 정규 음반을 싱글 발표하듯 엄청 자주 내놓았죠? 곡을 쓰고, 연습하고, 녹음하는 데 최소 1~2개월 이상 걸리는데요. 매년 음반을 내놓았으니 밥 딜런이 얼마나 열심히 살았는지 알 만해요. 자유롭게만 살았다면 절대로 해낼 수 없는 작업량이에요.

부지런하고 치열한 건 밥 딜런만이 아니었어요. 미국의 포크 뮤지션들과 시민들도 바쁘게 움직이고 있었어요. 1963년 미국은 소용돌이치고 있었어요. 인간답게 살 수 없었던 흑인들이 제 목소리를 내기 시작했기 때문이에요.

원래 미국은 그곳에 살고 있던 아메리카 인디언들의 나라였는데요. 갑자기 유럽에서 백인들이 몰려와서 자기들 땅이라면서 인디언들을 내쫓고 죽였어요. 그러곤 아프리카와 중남미에서 흑인들을 끌고 와서 노예로 부려 먹었죠. 1865년 링컨 대통령을 비롯한 많은 이들의 노력으로 노예 제도는 사라졌는데요. 100년이 지난 뒤에도 흑인은 당당하고 자유롭게 살지 못했어요. 미국은 백인들, 그중에서도 백인 남성들이 자유로운 나라였어요. 그들에게만 권리가 집중된 나라였어요. 흑인들은 투표를 할 수 없었고요. 백인들이 이용하는 호텔이나 식당, 카페에 자유롭게 드나들 수 없었어요. 흑인과 백인 학교가 달라서 흑인은 백인 학교에 입학할 수 없었어요. 흑인들은 공공장소에서 물 마시는 곳도 따로 있었어요. 심지어 백인이 반대쪽 길에서 걸어오면 흑인은 인도에서 차도로 내려가 걸어야 할 정도였어요. 훨씬 힘든 일을 하는데 수입은 적었고, 백인이 흑인을 때리거나 죽여도 제대로 처벌하지 않는 일이 흔했어요. 한마디로 흑인은 인간 이하의 대접을 받았어요.

많은 이들이 인종 차별을 반대하며 저항할 때 당시 포크 뮤지션들은 노래로 함께했어요. 그때나 지금이나 사회에 문제가 있다고 생각하면 사람들이 모여 집회를 하고 행진하며 시위하는데요. 모인 사람들은 연설을 듣고 구호를 외쳐요. 뮤지션들이 와서 노래를 부르는 경우도 흔하죠. 사람들이 의미 있는 자리에 모이면 노래를 부르는 건 오래된 전통 같아요. 학교, 교회, 성당, 절에 모이면 노래를 부르곤 하잖아요. 놀러가도 노래 부르면서 놀죠. 노래는 말보다 큰 울림이 있으니까요. 말에 리듬이 붙고 멜로디가 실리면 더 많은 이들이 공감하게 되고, 감동하게 되니까요. 노래 부를 때 하나가 되는 느낌도 들기 때문이겠죠.

특히 당시 포크 뮤지션들 중에서는 음악으로 삶을 기록하고 증언해야 한다고 생각하는 이들이 많았어요. 그들은 잘못된 현실을 노래로 비판하고 저항해야 한다고 생각했어요. 그것이 노래의 역할이라고 생각했어요. 그래서 일부러 포크 음악을 선택하기도 했어요. 포크 음악은 전통적으로 민중이 자신의 삶을 표현하는 노래였으니까요. 기획사가 만들지 않고, 일부러 팔지 않고, 누군지 모르는 이들이 만들어 입에서 입으로 전해진 노래였으니까요. 바로 민중 자신의 노래였으니까요. 밥 딜런이 가장 존경한 뮤지션 우디 거스리는 바로 그 생각을 음악으로 표현하고 알린 대표적인 뮤지션이에요. 우디 거스리와 같은 생각을 지닌 뮤지션들은 함께 활동하기도 했는데요. 그 덕분에 정부의 탄압을 받기도 했어요. 하지만 활동에 지장을 겪으면서도 신념을 버릴 수 없었어요.

　모든 뮤지션들이 유명해지고 돈을 많이 벌기 위해 음악을 하지는 않아요. 물론 음악 활동을 계속할 수 있을 만큼 돈을 벌긴 벌어야 해요. 생활을 할 수 있어야 음악도 계속할 수 있으니까요. 그럼에도 어떤 이들은 돈을 벌기 위해서만이 아니라 세상을 좀 더 평등하고 정의롭게 만들기 위해 노래해요. 그런 뮤지션들은 자신들의 생각을 노래에 꼭꼭 담았어요. 그리고 노래가 필요한 곳에 가서 불렀어요. 1960년대에는 포크 뮤지션들이 그 역할을 많이 맡았어요. 포크 뮤지션들은 포크 리바이벌 같은 음악 행사를 열었고요. 1963년 워싱턴 행진˚ 때는 조안 바에즈, 오데타Odetta, 밥 딜런을 비롯한 포크 뮤지션들과 마할리아 잭슨Mahalia Jackson 같은 뮤지션들이 가서 노래를 불렀어요. 조안 바에즈는 〈Oh, Freedom〉을 불렀고요. 밥 딜런은 〈When the Ship Comes in〉과 〈Only a Pawn in Their Game〉을 블렀어요. 백인으로 태어났으니 흑인보다 형편이 훨씬 더 좋다고 말하는 냉정한 노래였어요. 밥 딜런은 싸우고 있는 그린우드의 흑인들에게 찾아가서 노래를 부르기도 했어요.

● **워싱턴 행진** 8월 28일 수요일 워싱턴 D.C.에서 아프리카계 미국인들의 시민적·경제적 권리를 옹호하기 위해 개최했다. 이때 마틴 루서 킹 주니어가 인종 차별의 종식을 촉구하는 〈I Have a Dream〉 연설을 했다.

이때 뮤지션들이 집회에서 부른 노래는 단순한 노래가 아니었어요. 노래는 흑인들의 비참한 삶을 고발했어요. 함께 뭉쳐 더 나은 내일로 나아가자고 호소했어요. 자유와 희망과 미래를 꿈꾸자고 외쳤어요. 그 노래들이 있어 사람들은 힘들고 지친 시간을 견디고 내일을 향해 발걸음을 옮길 수 있었어요. 노래가 사회적으로 큰 역할을 할 수 있었던 시대였어요. 덕분에 밥 딜런도 더 많이 알려졌어요. 노래가 항상 이때처럼 세상을 바꾸는 데 큰 역할을 하지는 못하지만 역사가 꿈틀대는 순간 노래가 곁에 있을 때가 많아요. 2017년 겨울 우리나라의 '촛불 광장'에서도 늘 노래가 함께했잖아요.

## 대답은 바람 속에

이렇게 역사가 꿈틀대고 있을 때 밥 딜런의 두 번째 음반이 나오게 되는데요. 1963년에 내놓은 밥 딜런의 2집 제목은 [The Freewheelin' Bob Dylan], '자유분방한 밥 딜런'이에요. 밥 딜런은 이 음반부터 유명해졌는데요. 음반 제목에서부터 자신의 상징 같은 자유로운 이미지를 드러내고 있어요. 앨버트와 밥 딜런은 밥 딜런의 반항적인 이미지, 자유로운 이미지를 부각시킬 생각이었나 봐요. 본격적인 이미지 메이킹을 시작했다고 할 수 있죠. 밥 딜런은 실제로 자유로운 성격이기도 했는데요. 모든 면에서 항상 자유롭지는 않더라도 활동할 때는 보헤미안 같은 이미지를 강조해서 자유를 갈망하는 이들에게 어필했어요. 그 당시에는 히피<sup>Hippie</sup>족을 비롯해 자본주의 사회에서 벗어나 자유롭게 살고 싶어 하는 이들이 정말 많았거든요. 자유로움을 꿈꾸는 이들에게 인기를 얻으려면 자유로운 모습을 강조하는 편이 효과적이에요. 밥 딜런과 앨버트는 모든 사람에게 다 사랑받기보다는 특정한 세대와 성향을 가진 사람에게만 어필해도 된다고 생각한 거 같아요. 사람들이 음악을 들을 때는 음악만 듣는 게 아니라 뮤지션의 이미지도 함께 소비하는데요. 밥 딜런은 지적이고 비판적이면서 자유로운 영혼이라는 이미지가 큰 매력이었어요. 그 모습을 닮고 싶은 이들이 밥 딜런의 노래를 듣고 공연을 봤어요. 그 사람들이 밥 딜런의 팬이었어요. 그들이 좋아한 밥 딜런의 모습이 바로 이 음반부터 만들어졌어요.

2집 음반 표지에는 밥 딜런이 한 여성과 다정하게 걷는 모습이 담겨 있는데요. 이 여성은 당시 밥 딜런의 연인이었던 수지예요.

2집 음반에는 13곡의 노래가 담겼고요. 밥 딜런의 대표곡이 된 노래 〈Blowin' in the Wind〉가 바로 이 음반에 담겼어요. 이 노래는 1962년 초봄에 그리니치빌리지의 카페에서 쓴 곡이에요. 음반에는 1년 뒤에 담겼지만 그 전부터 이 노래는 서서히 알려지고 있

었어요. 한국에서는 〈바람만이 아는 대답〉이라는 제목으로 소개
되었는데요. 가사를 함께 읽어 봐요.


바람만이 아는 대답•


얼마나 많은 길을 걸어야
한 인간은 비로소 사람이 될 수 있을까?
그래, 그리고 얼마나 많은 바다 위를 날아야
흰 비둘기는 모래 속에서 잠이 들까?
그래, 그리고 얼마나 많이 하늘 위로 쏘아 올려야
포탄은 영영 사라질 수 있을까?
그 대답은, 나의 친구여, 바람 속에 불어오고 있지
대답은 불어오는 바람 속에 있네


(중략)


얼마나 자주 위를 올려다봐야
한 인간은 비로소 하늘을 볼 수 있을까?


• 《밥 딜런: 시가 된 노래들 1961-2012》의 번역문을 부분 인용함.

밥 딜런의 2집 앨범 [The Freewheelin' Bob Dylan] 재킷

그래, 그리고 얼마나 많은 귀가 있어야
한 인간은 사람들 울음소릴 들을 수 있을까?
그래, 그리고 얼마나 많은 죽음을 겪어야
한 인간은 너무나도 많은 사람이 죽어 버렸다는 걸 알 수
있을까?
그 대답은, 나의 친구여, 바람 속에 불어오고 있지
대답은 불어오는 바람 속에

노래 가사의 뜻은 알 듯 말 듯 해요. 흰 비둘기, 포탄, 산, 자유,
인간, 죽음에 대해 묻는 긴 노래는 무슨 이야기를 하려는 걸까요?
이 노래는 무심히 흘러가는 자연과 전쟁, 폭력, 고통을 비교하며
묻고 있어요. 어떻게 해야 그 고통이 끝나냐고요.

그런데 밥 딜런은 고통이 끝나는 방법을 분명하게 이야기하지
않아요. 질문을 했으면 답도 알려 주면 좋은데, 밥 딜런은 달라요.
사랑해야 한다거나, 노력해야 한다거나, 법을 바꿔야 한다는 식으
로 해답을 내놓지 않아요. 그저 대답은 바람 속에 있다고만 해요.
바람은 눈에 보이지 않지만 항상 흘러 다니면서 세상 어디에나 있
죠. 이 노래는 질문에 대한 답이 이 세상 어딘가 있다는 이야기로
느껴지기도 하고요. 바람처럼 답이 오고 있다는 이야기로 느껴지
기도 해요. 정확하게 답을 말해 주지 않는 모호한 노랫말이에요.

그래서 노래를 듣는 이들이 더 생각하게 만들고 더 많은 답을 꿈꾸게 만들어요. 열린 결말처럼 상상력을 자극하는 노랫말이에요. 명쾌하게 답을 다 알려 주는 작품보다 여운을 남기는 모호한 작품이 더 많이 생각하게 만들고, 계속 답을 찾게 만들죠. 정답이 없으니까 더 많은 답을 상상할 수 있어요.

이 노래는 밥 딜런의 대표작이자 밥 딜런이 얼마나 멋진 노랫말을 쓰는 사람인지 알려 주는 유명한 작품이 되었어요. 이 노래는 불평등과 폭력으로 고통받는 이들이 목소리를 내기 시작한 시대 분위기와 맞물려 더 사랑을 받았어요. 이 노래가 나왔을 때 많은 이들이 이 노랫말 같은 고민을 하고 있었거든요. 훌륭한 예술가는 사람들의 고민을 작품에 담아요. 그리고 작품은 그 고민을 더 많은 이들에게 전해 줘요. 예술가는 사람들의 고민에 자신의 생각을 더해서 사람들이 더 깊게 생각할 수 있도록 도와주는 사람이에요. 이렇게 생각해 보면 어떻겠냐고, 이렇게 느껴보면 어떻겠냐고 제안해 주는 사람이에요. 우리는 예술 작품을 보면서 사랑에 대해, 이별에 대해, 역사에 대해, 정의에 대해, 사람에 대해 느끼지 못했던 것을 느끼고, 생각하지 못했던 것을 생각하곤 하잖아요. 예술 작품 덕분에 더 많이 느끼고 더 깊이 생각할 수 있어요. 그래서 어떤 작품이 사랑받는지 보면 그 당시 사람들이 어떤 생각을 하는지 알 수 있어요. 모든 노래에는 시대가 담겨요. 밥 딜런의 노래도 마찬가지예요.

이 노래는 1994년 미국의 그래미 명예의 전당●에 올랐고요. 미국의 권위 있는 음악 잡지 〈롤링 스톤Rolling Stone〉에서 2004년에 발표한 '역사상 가장 위대한 곡 500곡' 중에 14위에 오를 정도로 인정받았어요. 밥 딜런과 같은 시기에 활동했던 포크 트리오 피터 폴 앤 메리Peter, Paul and Mary는 이 노래를 싱글로 발표했는데요. 2주 만에 30만 장이나 팔리면서 빌보드 차트 2위에 오를 정도로 큰 사랑을 받았어요. 피터 폴 앤 메리도 1963년 워싱턴 행진에 참여해 이 노래를 직접 불렀답니다. 1966년에는 스티비 원더Stevie Wonder도 이 노래를 불러 큰 사랑을 받았어요. 전설적인 솔 뮤지션 샘 쿡Sam Cooke도 이 노래를 불렀어요.


## 과감한 비판을 노래에 담다

밥 딜런의 2집 음반에는 〈Blowin' in the Wind〉처럼 사회 현실을 노래한 곡이 많아요. 〈Masters of war〉라는 곡은 '전쟁의 지배자들'이라는 제목처럼 총을 만들고, 죽음의 비행기를 만들고, 커다란

● **그래미 명예의 전당** 미국의 레코딩 아카데미(The Recording Academy)에서 1973년 설립했으며, 뛰어나고 역사적인 중대성을 지닌 녹음물에 부여하는 상이다.

폭탄을 만드는 사람들과 그 세력들을 직설적으로 비판했어요. 아예 돈이 그렇게 좋냐고 물어볼 정도로 밥 딜런의 목소리는 거침없었어요. 너희가 죽기를 바란다고, 죽음의 자리로 내려가는 너희를 지켜볼 거라고 매섭게 경고했어요.

〈A Hard Rain's A-Gonna Fall〉은 세찬 비라는 단어를 빌려 핵무기로부터 자유로울 수 없는 세상의 두려움을 노래해요. 이 곡은 〈롤링 스톤〉이 뽑은 '밥 딜런의 위대한 곡' 2위를 차지하기도 했어요. 한국에서 〈소낙비〉라는 이름으로 리메이크하기도 했죠. 그리고 〈Oxford Town〉에서는 1962년 미시시피 대학에서 벌어진 폭력 사태를 담았어요. 제임스 메러디스James Meredith라는 사람이 흑인으로서는 처음으로 미시시피 대학에 입학하려고 했는데요. 백인들이 거세게 반발했고 총까지 쏘면서 제임스가 학교에 못 오게 막았어요. 그 와중에 희생자까지 생겨 버렸어요. 바로 그 사건에 대한 노래였어요. 밥 딜런은 노래에 불평등한 현실을 담아 알리면서 흑인들의 권리를 지지한 거예요.

사랑 노래가 넘치는 세상에서 밥 딜런은 과감하게 세상 이야기를 노래에 담았어요. 누구도 벗어날 수 없는 세상, 누구나 살아가고 있는 세상을 노래했어요. 세상의 풀리지 않는 문제와 이해할 수 없는 일을 노래에 담아 불렀어요. 노래한다고 문제가 바로 풀리지는 않았지만 그래도 노래하며 묻고 이야기한 거예요. 질문과 이야기가 쌓여야 더 나은 생각을 발견할 수 있으니까요. 그러려면 누군가는 물어봐야 했어요. 그래야 생각하게 되고, 이야기하게 되고, 세상이 달라지니까요. 밥 딜런은 이렇게 비판 정신이 살아 있는 노래를 불렀고, 그 노래들은 들끓는 세상으로 날아갔어요. 밥 딜런의 노래를 들으면 알게 되고, 생각하게 되고, 고민하게 되었어요. 무엇이 올바른 것이고, 무엇이 문제인지, 어떻게 행동해야 하는지 생각하고 이야기하게 되었어요. 그래서 모인 사람들에게 노래는 힘을 주었어요. 그러다 보니 밥 딜런은 더 나은 세상을 꿈꾸는 많은 이들에게 사랑받게 되었어요. 우디 거스리나 피트 시거 같은 뮤지션들의 비판 정신을 이어받은 포크 음악의 계승자로 인정받게 되었죠.

밥 딜런이 활동할 때는 인종 차별에 반대하는 운동뿐만 아니라 베트남 전쟁에 반대하는 운동도 거세게 일어났던 시기예요. 사회적으로 많은 저항과 논쟁과 행동이 쏟아질 때였어요. 바로 그때 밥 딜런이 의미 있는 메시지를 담은 노래를 내놓았기 때문에 더 주목받았어요. 밥 딜런은 대중음악계에서 가장 비판적이고 저항적인 뮤지션으로 떠올랐어요. 급기야 우디 거스리나 피트 시거보다 유명해졌어요.

많은 이들은 밥 딜런이 평등과 정의를 외치는 싸움에 늘 함께하기를 바랐어요. 밥 딜런이 노래로 그 싸움을 기록하고 응원하기를 원했어요. 밥 딜런의 노래가 밥 딜런을 유명하게 만들었고 유명해지다 보니 밥 딜런에 대한 기대가 높아진 거예요. 사람들은 스타의 특정 이미지를 좋아하면서 그 이미지가 변하지 않기를 바라곤 하죠. 밥 딜런에게도 마찬가지였어요.

밥 딜런의 2집은 호평과 찬사를 받았어요. 영국에서 음반 차트 20위 안에 들 정도로 인기를 끌었고요. 비틀스의 멤버인 조지 해리슨George Harrison은 노래 가사의 내용과 태도가 믿을 수 없을만큼 독창적이고 훌륭하다고 평가했어요. 비평가 스티븐 토머스 얼와인Stephen Thomas Erlewine은 이 음반이 "루이 암스트롱, 행크 윌리엄스, 엘비스 프레슬리만큼 미국의 소리와 정신을 포착한 풍성하고 상상력이 풍부한 음악"이라고 격찬했어요.

# 미국의 흑인 민권 운동 역사

당시 핍박받던 흑인들의 저항은 버스에서 본격적으로 시작했어요. 1955년 12월 1일 퇴근 시간 미국 몽고메리주에서 로저 파크스Rosa Lee Louise McCauley Parks라는 흑인 여성이 버스에 탔어요. 당시 버스는 백인 좌석과 유색인 좌석으로 나눠져 있었어요. 백인 좌석이 앞에 있고 유색인 좌석은 뒤에 있었죠. 흑인들은 백인 좌석에 앉을 수 없었기 때문에 로자는 유색인 좌석에 앉았는데요. 백인들이 버스에 계속 타서 백인 좌석이 다 차고 백인들이 서 있게 되니까, 운전기사가 갑자기 유색인 좌석 표시를 뒤로 밀어 버렸어요. 그러고는 유색인 좌석에 앉아 있던 흑인들에게 일어나라고 명령했어요. 백인들이 앉는 게 중요하고, 원래 정한 규칙이나 흑인들의 권리는 하나도 중요하지 않았던 거예요. 그 정도는 얼마든지 무시해도 된다고 생각한 거예요.

다른 흑인들은 어쩔 수 없이 일어났어요. 하지만 로저는 이렇게 부당한 요구에는 응할 수 없었어요. 버스 의자를 백인 자리와 유색인 자리로 나눠 놓은 것도 불평등한데, 백인들이 앉기 위해 흑인들이 일어나야 한다면 정상이 아니니까요. 로자는 버텼고, 결국 경찰에 체포되었어요.

한 사람의 불복종으로 끝날 뻔한 사건은 여기서 끝나지 않았어요. 사실 로저는 흑인들의 권리를 지키기 위해 활동하는 흑인지위향상협회NAACP 몽고메리지부 간사였어요. 흑인지위향상협회 사람들은 참을 수 없었어요. 이런 말도 안 되는 일을 가만히 두고 본다면 불평등은 더 심해질 테니까요. 협회에서는 항의의 의미로 버스 승차 거부 운동을 벌이기로 했어요. 최소한 로저의 재판 당일만이라도 버스를 타지 말자고 제안하는 안내문을 여기저기 뿌렸어요. 재판 당일, 놀랍게도 버스는 거의 텅텅 비어 있었어요. 흑인들의 마음이 모인 거예요. 하지만 로저는 흑백분리 법을 어겼다면서 유죄 선고를 받았어요.

그러자 마틴 루서 킹Martin Luther King, Jr. 목사를 비롯한 흑인 사회는 저항을 계속하기로 결정해요. 수많은 차별을 더 이상 두고 볼 수는 없었으니까요. 흑인 사회는 계속 버스를 타지 않고 싸움을 이어가요. 흑인들을 존중하고 흑인 버스 기사를 고용해 달라고, 백인은 앞에서부터 흑인은 뒤에서부터 앉게 하자고 요구했죠. 평화적으로 상식적인 요구를 했는데도 백인 사회는 흑인들의 요구를 거부했어요. 흑인 운동 지도자들은 살해 위협까지 받았어요. 다행히 연방대법원은 흑백 분리 버스 탑승 제도가 위헌이라는 판결을 내려요. 하지만 여기서 끝난 게 아니에요. 이 사건은 오랫동안 차별에 시달려 온 미국 흑인들의 가슴에 불을 질렀어요. 싸움은 다른 지역으로 계속 퍼져 나갔어요. 인종 차별에 반대하는 운동이 미국 전역을 뒤덮었어요. 로저 파크스가 지핀 한 점의 불씨가 온 광야에 불을 지른 거예요.

다수 흑인들과 양심적인 백인들은 함께 외쳤어요. 흑인들의 권리를 보장하라고. 피부색으로 인간을 차별하지 말라고. 그때 미국에서는 이 당연한 상식이 지켜지지 않고 있었으니까요. 사실 지금도 미국 흑인들은 차별을 경험하

1956년 12월 21일, 인종에 따른 좌석 분리를 금지한 대법원 판결에 따라 앞쪽 좌석에 앉을 수 있게 된 로저 파크스의 모습

1963년 워싱턴에서 흑인 차별 철폐를 주장하며 행진하는 마틴 루서 킹과 군중

고 있을 정도니까요. 마틴 루서 킹 목사와 말콤 엑스Malcolm X를 비롯한 흑인 사회의 지도자들은 열심히 싸웠어요. 그들이 활동하는 차량에 화염병이 날아들고, 집에 폭탄이 날아올 정도로 백인우월주의자들은 거칠게 폭압했어요. 실제로 흑인들을 죽이기도 했어요. 하지만 저항은 멈추지 않았어요. 1963년에는 흑인들과 양심적인 백인 25만 명이 함께 모여 워싱턴에서 행진을 했어요.

그러고도 1년을 더 싸운 1964년에 드디어 민권법이 시행돼요. 공공시설에서 흑백 분리가 금지되고, 흑인과 백인이 함께 학교를 다니게 되었죠. 1965년에는 흑인들도 투표를 할 수 있게 되었어요. 미국의 흑인들은 한국의 시민들보다 20년이나 뒤에야 투표를 할 수 있게 된 거예요. 하지만 말콤 엑스는 1965년, 마틴 루서 킹 목사는 1968년에 암살당하고 말았어요. 미국의 민주주의는 이렇듯 수많은 사람들의 피와 땀으로 어렵게 어렵게 만들어진 거예요.

# 밥 딜런,
# 더 자유로워지다

나는 나 자신에게조차도 모순된다.

밥 딜런

1964년 발매한 3집에서도 밥 딜런은 주로 현실 문제를 비판적으로 노래했
어요. 하지만 4집에서는 자신의 좀 더 자유로운 면을 드러내고자 하죠. '정
의로운 가수'라는 고정된 틀에 갇히고 싶지 않았거든요. 그 뒤로도 노랫말
뿐 아니라 음악 장르나 악기 면에서 계속 새로운 시도를 이어갑니다.

## 지금이 그때보다 젊어

이렇게 훌륭한 음반을 내면서 밥 딜런의 위상은 확실히 높아졌어요. 밥 딜런은 단숨에 미국 대중음악계가 주목하는 뮤지션이 되었어요. 뮤지션으로 본궤도에 오른 밥 딜런은 1년 뒤인 1964년 두 장의 음반을 연속 발표해요. [The Times They Are A-Changin']과 [Another Side of Bob Dylan]이에요. 전자는 '시대는 변하고 있다'는 의미이고요. 후자는 '밥 딜런의 또 다른 모습'이라고 해석할 수 있겠네요. 한 해에 두 장의 정규 음반을 내놓다니! 정말 엄청나게 부지런하죠? 불과 1년 전에 낸 음반이 히트했으니 다음 음반은 조금 천천히 내도 괜찮았을 텐데요. 밥 딜런은 쉬지 않았어요. 수도 꼭지처럼 틀기만 하면 노래가 콸콸콸 쏟아졌나 봐요.

3집과 4집 음반에는 각각 10곡과 11곡의 노래를 담았어요. 3집 [The Times They Are A-Changin']에서는 계속 비판적인 생각을 드러냈어요. 같은 제목의 타이틀 곡에서 밥 딜런은 시대가 변하고 있다고 얘기해요. 바깥에선 싸움이 일어나 갈수록 치열해진다고 선언해요. "그대의 아들딸은 그대의 통제를 넘어섰다"고, "새것의 앞을 막아서진 말라"고 충고하죠. 기성세대를 비판하는 새로운 세대의 자신감이 돋보이는 노래예요.

타이틀곡뿐만 아니라 〈Ballad of Hollis Brown〉을 비롯한 3집 수

록곡 대부분이 현실의 문제를 노래했어요. 스스로 죽음을 선택하는 가난하고 비참한 사람들, 핵무기, 탄광, 전미유색인지위향상협의회 활동가 메드거 에버스Medgar Evers의 죽음 이야기가 노래가 되었고요. 백인 남자에게 맞아 죽은 흑인 청소 노동자 해티 캐럴Hattie Carroll의 외로운 죽음과 밥 딜런의 개인적인 이야기도 음반에 담겼어요. 밥 딜런의 시선은 한결같이 세상을 향해 이글거리고 있었어요. 3집 음반은 영국의 음반 차트에서는 4위, 미국의 음반 차트에서는 20위까지 올랐어요. 밥 딜런의 노래는 계속 히트했어요.

4집 [Another Side of Bob Dylan]에는 11곡의 노래가 담겼는데요. 이 음반에서 밥 딜런은 이전 음반처럼 세상에 대한 이야기만 담지 않았어요. 음반의 제목처럼 자신의 또 다른 면을 보여 줘요. 더 낭만적인 모습, 더 시적인 모습, 더 자유로운 모습이에요. 밥 딜런은 〈My Back Pages〉에서 그때 난 훨씬 더 늙었고 지금은 그때보다 더 젊다고, 자신이 더 자유로워졌다고 이야기해요.


나는 그저 뮤지션일 뿐

밥 딜런은 왜 이런 이야기를 했을까요? 그사이 밥 딜런의 생각이 달라지고 세상도 조금 변했기 때문이에요. 사실 사람의 생각은 계속 변하죠. 가령 10대 때 생각을 계속 가지고 있는 어른은 거의 없을 거예요. 밥 딜런도 마찬가지예요. 밥 딜런은 잘못된 현실을 비판하는 노래를 불러서 인기를 끌었지만, 계속 같은 노래만 하고 싶지는 않았어요. 사실 밥 딜런은 세상의 문제를 해결하기 위해 노래하지 않았어요. 숭고한 가치를 대변하기 위해, 정의로운 목소리를 대변하기 위해 노래하지도 않았어요. 그때 밥 딜런은 그저 "현실을 있는 그대로, 솔직하고 강하게 표현하는 노래를" 불렀을 뿐이에요. 밥 딜런은 자기가 "눈물 때문에 잘 보이지 않는 눈으로 어슴푸레한 안개를 응시하며 지적인 몽롱함 속에 떠도는 노래를 작곡하는 포크 뮤지션 이상의 사람이 아니"라고 생각했어요. 자신은 그저 뮤지션일 뿐이고, 그나마도 어렵게 겨우겨우 해 나가는 사람일 뿐이라고 생각하고 있었던 거예요.

하지만 당시에는 밥 딜런이 항상 정의로운 모습이기를 바라는 팬들이 많았어요. 그들은 밥 딜런을 시대의 양심, 양심의 대변자라고 칭찬하면서 계속 똑같은 모습으로 남아 있기를 바랐어요. 하멜른의 피리 부는 사나이처럼 자신들을 이끌어 주기를 원했어요. 우리도 좋아하는 스타의 모습이 달라지지 않기를 바라곤 하잖아요. 자신은 계속 달라지지만 스타는 변하지 않기를 바라는 마음. 그렇지만 밥 딜런은 살아 움직이는 사람이고, 늘 똑같기는 불가능했죠.

물론 밥 딜런은 자기를 좋아하는 이들이 원하는 대로 살 수도 있었을 거예요. 대중문화 스타들 중에는 자신의 실제 모습이 아닌 모습을 연출해서 인기를 얻는 경우도 많아요. 성격이 적극적인데 조용한 모습만 보여 준다거나, 반대의 모습만 보여 주는 경우가 적지 않아요. 그러다 보니 스타를 만나 보고 놀라거나 실망하는 일도 있죠. 대중문화 산업에서 파는 건 실체가 아니라 이미지와 허상일 때가 많으니까요.

밥 딜런이 비판적인 노래와 활동만 하기 바라는 이들이 많아지다 보니 밥 딜런은 자기 삶과 음악이 그 생각에 짓눌리는 느낌을 받았어요. 저항이 아닌 가사는 의미가 없고, 모든 게 다 저항과 연결이 되어야 한다고 생각하는 이들이 너무 많았기 때문이에요. 밥 딜런은 이렇게 한 가지 모습만 강요하고, 음악에서 노래 가사만 중요하게 생각하는 분위기를 이해할 수 없었어요. 음악이 가사만으로 이루어지는 게 아닌데요. 다들 가사에 모든 의미가 담겨 있는 것처럼 생각했기 때문이에요.

그때 미국에는 사회를 바꾸려는 활동이 아주 활발했어요. 그러다 보니 다른 이들도 사회를 바꾸는 활동에 함께하기를 바라는 이들이 많아졌어요. 분위기가 뜨거워지면서 생각이 다른 사람들을 자연스럽게 인정하지 않고 비판하거나 강제로 설득하는 분위기가 생겼어요. 밥 딜런은 그런 분위기에 질려 버린 거예요.

사람들이 밥 딜런에게 한 가지 모습, 크고 중요한 역할을 계속 요구하니까 밥 딜런은 부담스럽고 싫어졌어요. 자기를 좋아해 주는 건 고맙지만 하고 싶지 않은 역할을 계속 요구하면 좋을 수만은 없죠. 인기도 좋지만 하고 싶지 않은 일을 억지로 하면 힘들잖아요. 밥 딜런은 가면을 써야 하는 상황, 계속 가면을 쓰고 있으라는 말을 들어야 하는 상황에 지쳐 버린 거예요. 우리나라의 스타들 중에도 맞지 않는 일을 해야 하는 분위기에 지쳐 활동을 그만두는 이들이 있잖아요.

게다가 팬들 중 어떤 사람들은 밥 딜런이 살던 우드스탁의 집으로 마구 찾아왔어요. 그들은 밥 딜런의 집 식품 저장실에 몰래 들어와 파티를 했고요. 지붕에 올라가 돌아다니기도 했어요. 집 앞에서 시위를 벌이기까지 했어요. 밥 딜런은 이런 상황이 지긋지긋하고 싫었어요. 아무리 자유롭다 해도 사생활이 있는 법인데요. 밥 딜런의 팬들 중 몇몇은 밥 딜런이 사생활조차 누릴 수 없게 만들어 버렸으니까요. 언론에서도 밥 딜런이 어떤 생각을 가지고 있는지 시시콜콜 캐묻곤 했어요.


## 어디로든 거침없이 날아가는 예술의 힘

아무리 생각해도 밥 딜런은 다른 사람을 위해 음악을 하고 싶지는 않았어요. 물론 좋은 음악을 만들어서 사람들과 나누면 좋죠. 하지만 일부러 다른 사람이 좋아하고 관심을 가질 만한 음악만 만들고 싶지 않았어요. 밥 딜런은 그저 자신에게 솔직한 음악을 만들고 싶었어요. 자신의 음반에 비판적인 목소리를 담기도 했지만 그건 좋아서 한 것뿐이었어요. 한두 번 그렇게 했다고 계속 그렇게 해야 한다고 생각하지 않았어요. 음악에 좋은 메시지를 담는 것은 좋지만, 항상 정답을 정해 놓고 자신을 속이면서까지 따라가는 음악을 하고 싶지 않았던 거에요. 음악과 예술에 정답은 없으니까요. 예술은 정답을 보여 주기 위해 존재하는 게 아니라 무엇이 정답인지 묻기 위해 존재하니까요. 예술은 결론보다 과정과 상황이 중요하고, 과정과 상황을 보여 주기 위해 존재하죠. 그리고 예술은 언제 어디로든 거침없이 날아갈 수 있어야 해요.

밥 딜런은 사회 현실 말고도 이야기하고 싶은 게 얼마든지 많았어요. 자신에게 말을 거는 수많은 이야기를 억누르고 모른 체하고 싶지 않았어요. 그때나 지금이나 현실에서 일어나는 일들 중에는 큰 문제들이 많은데요. 밥 딜런이 그 문제들을 계속 쫓아가며 노래하기는 쉽지 않았어요. 밥 딜런은 뮤지션이지 사회 운동가나 활동가는 아니었으니까요. 그런데도 비판적인 노래만 계속하면, 하고 싶은 음악을 억지로 포기하고 현실에서 벌어지는 일을 따라가는 음악을 하는 것처럼 느껴졌어요. 이런 생각을 하다 보니 밥 딜런의 노래도 조금씩 달라진 거예요.

어쩌면 밥 딜런은 더 다양한 이야기를 노래해서 더 많은 사람들에게 사랑받고 싶었는지 몰라요. 현대 대중음악은 창작자인 뮤지션의 작품이기도 하지만 사고 파는 상품이기도 해요. 우리는 음반을 사고, 음원을 사고, 공연 티켓을 사잖아요. 그러다 보니 더 잘 팔리는 음악을 만들기 위해 기획하거나 연출하는 경우가 많아요. 잘 팔리기 위해 팬들이 좋아할 만한 스타일, 스토리, 외모, 장르, 가사를 연출해서 만들어 내는 경우가 흔한데요. 밥 딜런은 기존 팬들에게 인기를 얻기 위해 일부러 비판적인 음악을 하고 싶지 않았고, 동시에 다른 이들이 쉽게 좋아할 수 있는 음악을 하고 싶었는지 몰라요. 비판적인 이야기만 계속 노래하면 팬이 늘어나는 데 한계가 있을 테니까요. 비판적인 이야기를 좋아하는 사람들도 있지만 비판적인 이야기는 편하게 들을 수 없잖아요. 예술은 사람들을 생각하게 만들고 고민하게 만들지만 항상 깊게 생각하고 고민해야 한다면 부담스럽잖아요. 편하게 즐길 수 있는 즐거운 노래, 사랑 노래가 인기를 끄는 것도 같은 이유 때문일 거예요.

물론 밥 딜런이 비판적인 이야기를 계속해도 좋아하는 사람들은 계속 좋아했을 거예요. 반면 어떤 사람들은 밥 딜런의 음악을 거들떠보지 않았을 거예요. 밥 딜런은 항상 뻔한 노래만 반복한다고 생각할 테니까요. 그리고 밥 딜런과 의견이 다른 사람들도 있잖아요. 밥 딜런이 비판적인 노래를 계속하면 의견이 다른 사람들에게는 영영 사랑받지 못할 수 있죠. 밥 딜런은 그런 상황에서 벗어나고 싶었는지 몰라요. 생각이 다른 사람에게도 얼마든지 통할 수 있는 노래를 하고 싶었는지 몰라요. 그런 노래를 불러서 더 인기를 끌고 더 돈을 많이 벌고 싶었는지도 몰라요. 우리가 밥 딜런의 속마음을 아주 정확하게 확인할 수는 없어요. 그럴 필요도 없고요.

밥 딜런은 그저 자기 생각대로 말하고 싶어 자유롭게 비판적인 이야기를 했는데요. 그 결과 오히려 비판적인 이야기만 해야 하는 분위기가 만들어지면서 밥 딜런을 표현의 감옥에 가둬 버린 거예요. 그래서 밥 딜런은 그 감옥을 부수고 뛰쳐나왔어요. 자기를 좋아하는 사람들이 실망하고 싫어하더라도 자기가 원하는 대로 하기 시작했어요. 자기가 표현하고 싶은 대로 표현하기 위해서이든, 더 많은 사람들에게 사랑받기 위해서이든 밥 딜런은 자기가 원하는 대로 했어요. 그게 중요해요. 밥 딜런이 어떤 이유에서건 자기가 하고 싶은 대로 했다는 것. 잘될지 안 될지 모르지만 일단 시도했다는 것. 지금껏 자기를 좋아하던 이들이 싫어하게 되고 팬들이 줄어들더라도 두려워하지 않고 하고 싶은 대로 했다는 것. 그것이 밥 딜런이 자유롭다고 할 수 있는 이유예요. 밥 딜런은 실패의 두려움을 뚫고 자유로움을 향해 나아갔으니까요. 밥 딜런은 이렇게 함으로써 예술가의 자유로움을 지켜 냈으니까요. 누구도 침범할

흐르는 바람처럼 자유롭게

수 없는 예술가의 자존심을 지켜 냈으니까요.


## 밥 딜런이 전기 기타를?

밥 딜런이 자유롭게 표현한 것은 노래 가사만이 아니었어요. 그동안 밥 딜런은 어쿠스틱 기타를 들고 노래하곤 했는데요. 포크 음악은 어쿠스틱 악기로 연주하는 게 관례였기 때문이에요. 다들 어쿠스틱 악기의 맑고 소박한 소리가 포크 음악의 순수함을 증명한다고 생각했어요. 그때 포크 음악 팬들 중 많은 이들은 포크 음악이 상업성을 거부하고 순수한 공동체를 지키는 음악이라고 생각했어요. 그들은 단지 음악만 좋아하지 않고 포크 음악이 표방하는 가치를 지키려고 했어요.

그런데 밥 딜런은 1965년 뉴포트 포크 페스티벌에서 돌연 일렉트릭 기타를 들고 나타났어요. 어쿠스틱 기타에 전기를 꽂은 거예요. 밥 딜런은 예상을 깨고 폴 버터필드 블루스 밴드The Paul Butterfield Blues Band와 함께 일렉트릭 기타를 연주하면서 〈Maggie's Farm〉, 〈Like a Rolling Stone〉, 〈It Takes a Lot to Laugh, It Takes a Train to Cry〉를 불렀어요. 전혀 예상하지 못한 록 사운드에 당황한 관객들은 비난하는 야유를 보냈어요. 유튜브에서 당시의 공연 실황을 찾아보면 실망한 관객들이 야유하는 소리를 생생하게 들을 수 있어요. 밥 딜런의 팬들, 포크 음악 팬들은 밥 딜런이 록에 가까운 사운드를 사용하는 걸 좋아하지 않은 거예요. 그건 포크 음악의 순수함을 버리고 기교적이고 상업적인 음악과 타협하는 일이라고 생각했기 때문이에요. 포크 팬들에게는 "로큰롤은 멍청하고 생각 없는 뮤지션이나 하는" 음악이라고 생각하는 분위기가 있었어요. 동료 포크 뮤지션들도 마찬가지 생각이었어요. 록 음악은 일종의 금기였던 거예요. 포크 음악을 좋아하는 이들에게는 록 음악의 사운드도 어색하고 낯설었을 거예요.

그런데 1965년은 록 음악의 인기가 높아 가고 있던 해였어요. 롤링 스톤스The Rolling Stones나 비틀스, 비치 보이스The Beach Boys, 야드버즈Yardbirds 같은 록 밴드의 노래가 사랑받았어요. 포크 음악 팬들은 포크 음악의 맑은 소리를 좋아했지만, 더 강력하고 시끄러운 소리가 인기를 끌고 있었어요. 그래서 밥 딜런도 똑같은 스타일의 음악에서 벗어나 더 다양한 음악에 도전한 거예요. 예술가가 시대의 흐름을 무조건 외면하고 기존 스타일에만 갇혀 있으면 안 되니까요. 팬의 눈치를 보느라 하고 싶은 대로 하지 못하면 안 되니까요. 예술가는 자신의 심장이 이끄는 대로 가는 일이 가장 중요하니까요.

사실 요즘에는 뮤지션들도 소속사에서 시키는 대로 하는 경우가 많은데요. 밥 딜런은 자신의 감각과 판단과 의지대로 밀고 나 갔어요. 밥 딜런은 자신이 머물고 있던 음악의 울타리를 과감하 게 뛰어넘어 새로운 음악의 대지로 나아갔어요. 덕분에 한동안 비 판을 받았지만 그 결과 포크 록이라는 새로운 장르가 태어났어요. 처음에는 어색해 하다가 곧 많은 이들이 포크 록을 좋아하게 되 었어요. 밥 딜런 덕분이에요. 밥 딜런이 인정받고 존경받는 이유 예요. 밥 딜런의 시도가 갈수록 의미 있는 이유예요. 하지만 그 후 대중문화에서는 대중 매체와 기업의 힘이 더 막강해졌어요.

## 구토하듯 쓴 노래

이렇게 달라진 밥 딜런의 과감한 시도를 담은 곡이 바로 〈Like a Rolling Stone〉이에요. 밥 딜런은 1965년에 5집 [Bringing It All Back Home]을 발표하면서 록 사운드를 도입하기 시작했는데요. 5집에 담긴 〈Mr. Tambourine Man〉은 밴드 버즈The Byrds가 불러 차 트 1위까지 올라갔어요. 〈Like a Rolling Stone〉은 또 같은 해에 연 달아 내놓은 6집 [Highway 61 Revisited]의 타이틀 곡이에요. 이 곡 은 밥 딜런이 더 이상 포크 뮤지션으로만 남아 있지 않겠다는 걸 공개 선언한 곡이에요. 이 곡은 아주 큰 인기를 끌었는데요. 곡의 인기는 밥 딜런의 새로운 시도를 대중이 인정해 준 거나 마찬가지였어요. 포크 음악 팬들은 비난을 보냈지만, 훨씬 더 많은 이들이 열광하면서 밥 딜런의 판단이 틀리지 않았다는 걸 증명했어요. 미국 차트에서는 2위, 영국 차트에서는 4위까지 올라갔으니까요. 이곡은 파격적인 사운드와 메시지로 인해 2005년 영국의 대중문화 잡지인 〈언컷Uncut〉에서 '세상을 바꾼 가장 뛰어난 대중문화 작품' 1위에 선정될 정도로 예술성과 영향력을 인정받았어요. 음악 잡지 〈롤링 스톤〉에서도 2004년과 2011년 두 번이나 '가장 위대한 곡 500곡' 중에 이 노래를 1위로 뽑았어요. 밥 딜런의 또 다른 대표곡이 탄생한 거예요. 어떤 노래인지 가사를 살펴볼까요?

구르는 돌처럼●

옛날 옛날에 넌 정말 멋지게 차려입었지
한창 잘나가던 시절에 넌 부랑자들에게 10센트짜리 동전을 던져 줬어. 안 그래?
사람들은 너를 불러 말했지, "조심해 예쁜 아가씨, 그러다 큰코다칠 거야"

● 《밥 딜런: 시가 된 노래들 1961-2012》의 번역문을 부분 인용함.

넌 그들 모두가 그저 농담하는 줄로만 알았어

넌 빈둥거리며 돌아다니는 모두를 비웃곤 했지

이제 넌 그렇게 큰 소리로 떠들지 않고

이제 넌 그렇게 자랑스러워하는 것 같지도 않네

다음 끼니를 해결하려면 구걸을 하고 다녀야 한다는 사실

을 말이야


기분이 어때

기분이 어때

집 없이 사는 기분이?

완전히 무명인처럼

구르는 돌처럼


미스 론리, 넌 최고로 좋은 학교를 다녔지, 좋다 이거야

하지만 거기서 마시고 놀기나 했을 뿐

그 누구도 길거리에서 살아가는 법을 가르쳐 준 적이 없지

그리고 이제 넌 그런 삶에 익숙해져야 한다는 걸 알게 됐어

넌 말했었지 정체불명의 부랑자와는

절대 타협하지 않을 거라고. 하지만 이제야 넌 깨달아

그는 네게 어떤 알리바이도 제공해 주지 않는다는 사실을

네가 그의 눈 속 공허를 응시하며

나랑 거래하실래요? 하고 물을 때 말이야


기분이 어때

기분이 어때

사방 어디에도 돌아갈 집 없이

혼자가 된 기분이?

완전히 무명인처럼

구르는 돌처럼


　이 노래를 발표하면서 밥 딜런은 팝 스타에 가까운 인기를 누리기 시작했어요. 그런데 밥 딜런이 이 노래를 쓰기 전 상황은 그다지 좋지 않았어요. 앞서 얘기했듯 밥 딜런을 간섭하는 분위기가 심했고요. 밥 딜런도 앞으로 어떤 노래를 불러야 하는지 고민이 많았거든요. 밥 딜런 스스로 노래와 연주를 그만두기로 했는데, 그때 자신도 모르게 구토하듯 이 노래를 썼다고 얘기했어요. 심지어 밥 딜런은 이 노래를 부르지 않고 버리려고 했어요. 사실 이 노래는 프로듀서 밥 존스턴Bob Johnston이 버려진 테이프를 찾아내 운 좋게 살린 노래예요. 밥 딜런은 이 노래를 쓰고 나서 문학가가 되려는 꿈을 포기하게 되었다고 했어요. 그만큼 밥 딜런에게도 큰

흐르는 바람처럼 자유롭게

의미가 있는 노래예요. 완전히 실패한 여성을 조롱하는 것처럼 보이는 이 노래는 훨씬 다양하게 해석할 수 있는 로큰롤 곡이에요.

밥 딜런의 고향 미네소타에서 뉴올리언스로 이어지는 도로 이름을 딴 [Highway 61 Revisited] 음반의 다른 곡들도 큰 사랑과 호평을 받았어요. 밥 딜런은 포크 뮤지션에서 포크 록과 블루스까지 능수능란하게 해내는 뮤지션으로 변신했는데요. 밥 딜런의 가사는 여전히 모호하면서 심오했어요. 이번에도 밥 딜런은 자신의 의지대로 작품을 만들면서 자신의 자유로움과 능력을 증명했어요.


## 블루스, 로큰롤, 컨트리, 포크까지,
## 다재다능한 스타 뮤지션 탄생

6집까지 연달아 히트시킨 밥 딜런은 이제 완전히 스타가 되었답니다. 덕분에 기자들에게 질문 공세를 당하곤 했는데요. 그때마다 밥 딜런은 엉뚱하거나 황당하게 대답하곤 했어요. 기자들 앞에서도 밥 딜런의 자유분방한 성격은 고스란히 드러났어요. 밥 딜런은 전혀 고분고분하거나 평범하지 않았죠. 밥 딜런은 비판적인 메시지를 강하게 드러내는 노래를 부르지 않더라도 개성 없이 달콤하게 노래할 생각은 없었어요. 밥 딜런은 새 음반에서도 삐딱한 생각을 그대로 드러내곤 했어요. 실제로 밥 딜런의 노래에는 독설에 가까운 이야기들이 가득했어요. 밥 딜런은 유명해졌지만 당시 미국 사회를 떠돌고 있던 불온한 정서를 외면하지 않았어요. 당시 미국 문화에서는 반항적인 정신이 중요한 흐름이었는데요. 밥 딜런은 여전히 청개구리처럼 길들여지지 않는 시선으로 노래했어요. 밥 딜런 자신도 기성 사회와 타협할 생각이 별로 없었던 거 같아요. 그래서인지 금지된 약물을 하기도 하고, 정부 기관의 주목을 받기도 했죠. 밥 딜런의 노래를 들으면 그때 미국 사회를 떠돌던 정서를 확인할 수 있어요. 영혼의 해방을 꿈꾸었던 이들이 내뿜은 공기가 노래 안에 은밀하게 담겨 있거든요.

밥 딜런은 1966년에 7집 [Blonde on Blonde]를 더블 음반으로 내놓았는데요. 2장의 엘피에 14곡이나 담은 명반이에요. 이 음반도 역시 100만 장 이상 팔렸어요. 밥 딜런은 이제 매번 명반을 내놓는 젊은 거장이 되어 가고 있었어요. 20대 초반에 여러 장의 명반을 내놓을 정도로 성장했어요. 훌륭한 연주자들과 함께 포크 록과 로큰롤, 블루스, 컨트리를 두루 담은 이 음반은 밥 딜런의 물 오른 음악성을 잘 보여 주는 음반이고요. 이 음반 역시 미국 대중음악사에 길이 남을 명반으로 인정받았어요. 그럼에도 밥 딜런의 일부 포크 팬들은 로큰롤 뮤지션으로 변신한 밥 딜런을 그다지 좋아하지 않았어요. [Blonde on Blonde]를 발표하고 유럽 투어를 떠났을 때 일부 팬들은 계속 야유와 비난을 보냈어요.

그렇지만 당시 밥 딜런은 로큰롤 뮤지션으로 손색없는 공연을 보여 주고 있었어요. 그동안 밥 딜런이 꾸준히 다양한 음악을 듣고 고민한 덕분일 거예요. 밥 딜런은 충동적으로 로큰롤을 시작한 게 아니었어요. 오래전부터 로큰롤을 좋아했으니까요. 밥 딜런은 자기가 하고 싶은 음악을 다양하게 시도하면서 그 음악을 잘하고 있는 뮤지션들만큼 훌륭한 음악을 만들어 냈어요. 돌이켜보면 밥 딜런은 로큰롤뿐만 아니라 여러 장르를 골고루 좋아했고, 그 덕분에 다양한 장르의 음악을 두루 잘 해내는 다재다능한 뮤지션이 되었어요.

뮤지션들은 대개 꾸준히 해 오던 장르만 잘하는 경우가 대부분이에요. 그 외의 장르는 잘 도전하지 않아요. 반면 밥 딜런은 블루스, 로큰롤, 컨트리, 포크까지 탁월하게 해내는 다재다능한 뮤지션이었어요. 여기에 의미 있는 이야기까지 담아내기 때문에 밥 딜런을 훌륭한 뮤지션이라고 높게 평가하고 존중하는 거예요. 특히 밥 딜런은 자신의 의지대로 자유롭게 음악을 했기 때문에 누구와도 비교할 수 없는 아티스트로 인정받았어요. 음반을 발표하고 활동할수록 밥 딜런은 대체 불가능한 최고의 브랜드 같은 뮤지션이 되었어요.

# 밥 딜런,
# 새로운 시도를 멈추지 않다

변화만큼 안정적인 것은 없다.

밥 딜런

열정적으로 순회공연을 다니던 밥 딜런에게 갑작스러운 교통사고가 찾아옵니다. 8년간 투어를 중단하게 되지만, 음악 작업은 쉬지 않아요. 만들어 내는 음반마다 다 좋은 평가를 받지는 못했지만, 그는 새로운 음악 만들기를 절대로 멈추지 않았습니다. 2000년대 들어 예순 살이 넘으면서부터는 오히려 더 활발한 활동을 보여 주었죠.

흐르는 바람처럼 자유롭게

## 무리한 일정 중에 찾아온 사고

1960년대 중반 밥 딜런은 계속 순회공연을 다녔어요. 순회공연은 뮤지션들이 자신을 알리고 돈을 버는 흔한 방법이에요. 순회공연을 하면 여러 지역을 돌면서 자신을 알리고 많은 팬들을 만날 수 있고요. 높은 티켓 수입을 얻을 수 있어요. 음반이나 머천다이징 상품도 함께 팔 수 있는 좋은 기회예요.

하지만 계속 공연을 하고 다니는 건 쉽지 않았어요. 음악하는 사람이 공연하는 게 뭐가 어렵냐고 생각할 수도 있지만요. 집을 떠나 계속 낯선 지역을 돌며 공연하기는 힘들어요. 순회공연 때는 늘 같은 곡을 연주하는데요. 같은 레퍼토리를 반복하다 보면 지겨워지기도 해요.

그리고 계속 여기저기 다니다 보면 몸 상태를 건강하게 유지하기 어려워요. 날마다 무슨 일이 일어날지 모르는 데다, 몇 시간씩 차를 타고 옮겨 다니고, 숙소가 달라지면 영향을 받지 않을 수 없죠. 밥 딜런 같은 스타는 적어도 한 달 이상 투어를 다니는 게 보통인데요. 날마다 새로운 지역으로 옮겨 다니면 신경이 분산되고 감정이 흔들리게 마련이에요. 우리도 새로운 학교로 전학을 가거나 새 학년이 되면 한동안 어색하고 집중하기 어렵잖아요. 투어 공연도 마찬가지예요. 투어를 다니다 보면 음악에서 표현하는 감정을 잘 담아 두었다가 공연 때 완벽하게 보여 주기 힘들어요. 몸은 지치고 마음은 요동치니까요.

스타가 되면 다 좋을 거 같나요? 그렇지 않아요. 이렇게 많은 일정을 소화하면서 계속 멋진 모습을 보여 주려면 연습을 많이 해야 하고요. 각오도 단단히 해야 해요. 대충대충 하지 않고 다 잘하겠다는 각오랄까요. 공연과 활동을 잘하기 위해 체력 관리도 잘하고, 감정 관리도 잘하고, 연습도 잘하겠다는 각오. 노래 연습, 표정 연습, 멘트 연습, 연주 연습 다 잘하고요. 함께 투어 다니는 멤버들과 사이좋게 지내고, 돌발 상황이 생겨도 긍정적으로 생각하고, 팬들에게 친절하게 대할 수 있도록 마음을 굳게 먹어야 해요. 신경 써야 할 게 한둘이 아니에요.

그런데 이런 일들을 무조건 열심히만 하려고 하면 힘들어서 못 버틸 거예요. 아무리 돈을 많이 벌고 팬들의 사랑을 받는다 해도 하기 싫은 일을 억지로 하면 즐거울 리 없죠. 음악을 계속하려면 열심히 하고 잘하는 것도 중요하지만 음악을 하면서 행복해야 해요. 스스로 행복하게 만들어야 해요. 그래야 오래 할 수 있어요. 자신이 행복하지 않은 일을 진심으로 할 수는 없고, 평생 할 수도 없어요.

하지만 그때만 해도 젊었던 밥 딜런은 바쁘게 음악을 만들고 공연하는 일이 힘들어서 지쳐 하기도 했어요. 스타가 된 밥 딜런에게는 해야 할 일들이 끊임없이 이어졌으니까요. 그러다 보니 견디질 못한 걸까요. 밥 딜런은 큰 사고를 당해요. 집 근처에서 오토바이 사고가 났어요. 결국 밥 딜런은 8년 동안이나 공연 투어를 다니지 못하게 되었어요. 어쩌면 사고를 당한 덕분에 겨우 쉴 수 있게 되었는지 몰라요. 사고를 당했다고 하면 다들 이해해 주니까요.


## 싫고 지겨울 때조차 멈추지 않은 음악

그렇다고 밥 딜런이 음악 작업을 쉬지는 않았어요. 밥 딜런은 자신의 밴드와 함께 계속 곡을 녹음하고 음반을 발표했어요. 밥 딜런은 1967년에는 절제된 사운드의 [John Wesley Harding] 음반을 발표했고요. 1969년에는 컨트리 음악을 담은 [Nashville Skyline] 음반을 발표했어요. 1970년에는 [Self Portrait], 즉 자화상이라는 제목의 음반을 내놓은 뒤, 같은 해에 [New Morning]이라는 새 음반을 연달아 내놓았어요.

밥 딜런은 얼마나 자주 음반을 발표하는지 세어 보는 게 무의미할 정도로 많은 음반을 발표했어요. 밥 딜런은 지금도 1~2년에 한 장씩 새 음반을 발표하고 있어요. 밥 딜런 정도의 대스타라면 지금까지 발표한 곡의 저작권만으로도 충분한 수입을 얻을 수 있고,

공연 때 히트곡만 부르면서 다녀도 될 텐데요.

밥 딜런에게는 음악이 생활이었어요. 음악이 생활이라는 건, 음악으로 돈을 벌어서 산다는 의미예요. 하지만 그보다 하루하루 음악을 멈추지 않고 계속한다는 의미에 더 가까워요. 그건 지겹고 하기 싫어도 멈추지 않고 하는 거예요. 때로 하기 싫더라도 해야 할일은 반드시 할 만큼 자신을 단련시키는 거예요. 농부가 농사일을 멈추지 않듯 밥 딜런도 음악을 쉬지 않았어요. 그게 밥 딜런의 일이었어요. 공연을 해야 하면 공연을 했고, 새로운 감정과 생각이 떠오르면 새로운 노래를 만들었어요. 그리고 노래가 쌓이면 새 음반을 내놓았어요. 밥 딜런은 자신의 감정과 생각을 음악으로 표현하는 사람, 뮤지션이니까요. 밥 딜런은 나이를 많이 먹고 음악을 오래 했다고 음악을 대충 하거나 그만하고 싶지는 않았어요. 아무리 오래 살아도 똑같은 하루는 없고, 나이를 먹는다고 감정이나 생각이 메마르지 않으니까요. 음악을 하지 않는 밥 딜런은 다른 사람과 다를 바가 없으니까요. 음악을 할 때 비로소 밥 딜런은 다른 사람이 아닌 밥 딜런이 되니까요.

밥 딜런이 계속 음반을 발표하고 활동한 건 음악에 끝이 없기 때문이기도 해요. 음반 차트 몇 위에 오르고 음반이 몇 장 팔리면 목표를 달성했으니 그만해도 되는 게 아니에요. 물론 음악도 상품이라 잘 팔리면 좋고, 더 많이 사랑받으면 좋죠. 음악을 해서 돈을 많이 벌 수 있다면 행복한 일이죠. 하지만 음악이 잘 팔리면 성공한 것이고, 그렇지 못하면 실패했다고 할 수는 없어요. 음악은 자신이 표현하고 싶은 무언가를 잘 표현하는 게 기본이에요. 자신만 아는 무언가를 자신이 생각했을 때 만족스럽게 잘 표현하는 일이 가장 중요해요. 아무리 오래 음악을 해 왔더라도 가사와 노래와 연주와 사운드로 잘 표현하려면 날마다 써 보고 노래해 보고 연주해 보고 녹음해 보는 수밖에 없어요. 생각이 저절로 음악이 되지 않고, 새 노래는 항상 태어나 처음 만드는 노래니까요.

그러니 음악에 끝은 없어요. 다만 하루하루 자신이 만족할 수 있는 결과물을 만들어 내기 위해 꾸준히 노력하면서 사는 것뿐이에요. 어제 기타를 치며 노래했더라도 오늘 다시 기타를 치며 노래할 수밖에 없어요. 어제 멋진 노래를 만들었더라도 오늘은 또 다른 새 노래를 잘 만들어야 해요. 어제 한 일은 잊어버리고 오늘 다시 자기 마음에 들 때까지 하는 거예요. 지겹더라도 하루하루 크게 다르지 않은 일을 계속 잘하려고 노력하면서 살아가는 거예요. 그 일을 더 잘하려고 이렇게도 해 보고 저렇게도 해 보는 거예요. 이 음악도 들어 보고 저 음악도 들어 보면서 참고하고요. 다른 사람들 의견도 들어 보고 혼자 생각하기도 하면서 해 보는 거죠. 그렇게 노력해도 자기 마음에 드는 음악을 만나기가 쉽지 않으니까요. 조금만 대충하고 게으르게 해도 금방 감각이 녹슬고 허점이 드러나니까요. 하루만 연습을 게을리하면 자신이 알고, 이틀을 게을리하면 친구가 알고, 사흘을 게을리하면 청중이 안다고 하잖아요. 그 정도까지는 아니더라도 대충하면 반드시 티가 나요. 무대위에서는 아무도 속일 수 없어요.


## 슬럼프를 이겨 내는 방법

밥 딜런 역시 계속 열심히 음악을 했지만 항상 명반을 만들어 내지는 못했어요. 가령 밥 딜런이 1970년에 발표한 음반 [Self Portrait]는 혹평을 받았어요. 밥 딜런이 1970년대와 1980년대에 발표한 음반들 중에는 [Blood on the Tracks]처럼 명반으로 인정받는 음반이 있고요. 〈Knockin' on Heaven's Door〉처럼 엄청나게 유명한 노래도 있어요. 하지만 좋은 평가를 받지 못한 음반들도 부지기수예요. 음악도 사람이 하는 일이라 항상 잘하는 건 불가능해요. 전문가들과 함께 연습을 많이 하고 준비를 많이 해도 항상 좋은 음악을 만들지는 못해요. 음악에는 공식도 없고, 매뉴얼도 없고, 레시피도 없으니까요. 그래서 음악은 어려워요.

그래도 밥 딜런은 새로운 음악을 만드는 일을 멈추지 않았어요. 훌륭한 음반을 만들건 만들지 못하건 꾸준히 작업을 했고요. 그

흐르는 바람처럼 자유롭게

결과물을 계속 발표했어요. 실망스러운 반응이나 혹평을 듣는다 해도 집어치우거나 멈추지 않았어요. 밥 딜런이 훌륭한 건 훌륭한 음악을 만들어서이기도 하지만 끊임없이 음악을 만들었기 때문이기도 해요. 예전만큼 인기가 없는데도 밥 딜런은 실망하거나 좌절하지 않고 음악을 했으니까요. 자기가 생각해도 뭔가 마음에 들지 않는 음악만 나온다 해도 최선을 다해 만든 다음 숨기지 않고 드러내 평가를 받았으니까요.

사실 자기 이름을 걸고 일하는 사람이라면 누구라도 대충 하거나 못하고 싶지 않을 거예요. 그런데 아무리 노력을 해도 안 될 때가 있어요. 슬럼프인 거죠. 한계에 부딪혔을 수도 있어요. 항상 노력한 만큼 잘되면 좋지만 노력이 항상 좋은 결과로 이어지지는 않아요. 시간이 필요해요. 운도 필요하고요. 방법을 바꿔야 할 수도 있어요. 능력의 한계 때문에 더 이상은 안 될 수도 있어요.

그 순간에도 어쨌든 계속 해 봐야 알 수 있어요. 지금 자기가 무엇을 얼마나 해냈는지, 자기에게 뭐가 부족하고 어떤 게 필요한지는 해 보지 않으면 알 수 없어요. 잘 안 되고 안 돼서 답답하더라도 해 보는 수밖에 없어요. 무조건 억지로라도 해 봐야 한다는 얘기는 아니에요. 열심히 밀어붙이건, 속도를 늦추고 천천히 해 보건, 쉬었다가 조심조심 다시 해 보건, 해 보지 않으면 자신의 모습을 확인할 수 없어요. 자신에게 어울리는 방법과 속도를 찾을 수 없고, 더 나은 방법도 발견하지 못해요.

사실 잘될 때는 기분이 좋지만 잘 안 될 때는 계속하기 어려워요. 못하는 자신의 모습을 보고 있으면 기분이 좋을 수 없으니까요. 자신에게 열광했던 팬들마저 냉담한 반응을 보이면 얼마나 서운하겠어요. 당연히 답답해지고 좌절하게 되고 화가 나게 마련이죠. 그렇지만 거기서 멈춰 버리면 계속할 수 없어요. 조금이라도 나아질 수 없어요. 견뎌야 하고, 자신의 모습을 인정해야 하고, 못하는 자신도 아끼고 사랑해야 해요. 냉담한 사람들의 반응도 담담하게 받아들여야 해요. 밥 딜런은 그런 시간, 그런 자신을 견디면서 음악 활동을 계속한 거예요. 물론 할 줄 아는 게 음악뿐이라서일 수도 있어요. 하지만 밥 딜런 정도의 스타라면 음악을 그만해도 되고, 다른 일을 찾을 수도 있었어요. 그런데 밥 딜런은 멈추지 않은 거예요.


## 상상을 초월하는 뮤지션

오래전 음악을 하기 위해 고향을 떠나 도시로 왔을 때처럼 밥 딜런은 늘 그 순간 할 수 있는 일을 열심히 했어요. 흑인 조지 잭슨의 죽음을 애도하는 곡 〈George Jackson〉을 발표하기도 하고, 존 레

넌John Lennon과 오노 요코Yoko Ono를 추방하려는 움직임에 함께 항의하기도 했어요. 1973년에는 잠시 회사를 옮기기도 했고, 영화 음악을 만들고 영화에 출연하기도 했어요. 밥 딜런의 투어를 영화로 찍는 일도 있었어요. 1978년 아시아, 유럽, 미국 투어를 할 때는 무려 200만 명의 관객을 동원했어요.

1979년 밥 딜런은 기독교에 심취한 모습을 보여 주면서 화제를 모았어요. 자유분방한 모습만 보여 주었던 밥 딜런이 교회에 열심히 다니자 많은 사람들이 놀랐어요. 역시 밥 딜런은 상상을 초월한다는 사실을 확인시켜 주는 사건이었어요. 그렇지만 밥 딜런은 교회에 다니면서도 음악은 여전히 삐딱했어요.

밥 딜런은 음반을 발표할 때마다 멤버를 바꾸고, 옛 노래를 리메이크하기도 했고요. 1980년 그래미상을 받은 밥 딜런은 1985년에는 굶주림으로 고통받는 에티오피아를 돕는 라이브 에이드Live Aid 같은 큰 행사에도 참여했어요. 1988년 1월에는 로큰롤 명예의 전당에 이름을 올리고 1991년에 그래미 평생공로상을 받으면서 명성을 인정받았어요. 1988년 6월에는 '네버 엔딩 투어'를 시작해요. 그렇지만 1986년에 발표한 [Knocked Out Loaded] 음반은 흥행에 완전히 실패했어요. 심지어 최악의 음반이라는 평가를 받는 음반까지 있어요. 호평을 받을 때도 있지만 인정을 받지 못할 때도 적지 않았어요. 그런데도 밥 딜런은 계속 새로운 음반을 발표한 거예요.

1980년대 이후 밥 딜런은 블루스와 포크를 넘나들었어요. 그 음악이 자신에게 가장 잘 어울린다고 생각한 거 같아요. 쉬지 않고 작업을 계속하다 보니 어느새 밥 딜런은 실력을 되찾으면서 근사한 음반들을 만들어 냈어요. 1993년에 발표한 [World Gone Wrong] 음반이 그래미상을 받은 데 이어, 1997년에 발표한 [Time Out of Mind]는 그래미 최고상인 '올해의 음반상'을 거머쥐었죠. 밥 딜런은 끝내 자신이 한물간 옛날 뮤지션이 아니라는 걸 음악으로 증명했어요. 실제로 밥 딜런과 비슷한 나이와 경력을 지닌 뮤지션들이 발표하는 새 음반은 그다지 만족스럽지 않은 경우가 많아요. 나이가 들면 감각이 떨어지고, 새 음악을 만드는 게 힘들어서 그럴 거예요. 그러다 보면 옛날 히트곡만 반복하는 경우도 적지 않아요.

하지만 밥 딜런은 항상 새 노래로 평가받으려고 했고, 결국 진검 승부를 해서 이긴 거예요. 밥 딜런은 물러서지 않고 끈질기게 작업을 했고, 그가 가진 능력이 무궁무진하다는 걸 인정하게 만들었어요. 그해 밥 딜런은 당시 미국 대통령이었던 빌 클린턴Bill Clinton으로부터 케네디센터 명예 훈장을 받기도 했어요.

# 밥 딜런에게 사랑이란?

1965년 밥 딜런은 모델 출신의 사라 로운즈Sara Lownds와 결혼했어요. 첫사랑 수지와는 1964년에 헤어졌고요. 싱어송라이터 조안 바에즈와 잠깐 사귀기도 했어요. 사라 로운즈와 밥 딜런은 1977년까지 함께 지내면서 네 명의 자녀를 낳았는

1963년 워싱턴 행진에서 조안 바에즈와 밥 딜런의 모습

데요. 밥 딜런은 그 후 재혼했다가 다시 솔로가 되었답니다.

　이런 삶의 굴곡을 생각하면, 밥 딜런이 사랑 노래도 많이 불렀다는 사실이 이상하게 느껴지지 않죠? 다음 노래를 들으면 느낄 수 있어요. 한 사람을 사랑하는 누군가의 마음을. 애타는 마음을 표현해 낼 줄 아는 밥 딜런의 솜씨를.


　웨딩 송*


　어느 때보다 더 널 사랑해, 시간보다 더, 사랑보다 더


● 《밥 딜런: 시가 된 노래들 1961-2012》의 번역문을 부분 인용함.

돈보다 더 널 사랑해, 저 위의 별들보다 더

광기보다 더 널 사랑해, 바다의 파도보다 더

인생 그 자체보다 널 사랑해, 넌 내게 그토록 큰 의미야


네가 내 인생에 걸어 들어온 후로, 마침내 원이 완성됐어

난 옛 기억이 떠도는 방들과 거리의 얼굴들에 작별을 고했지

해가 들지 않는 궁정 광대들의 마당에도

어느 때보다 더 널 사랑해, 그리고 난 아직 시작도 안 했어


(중략)


이 땅 위에 울려 퍼질 너와 나의 선율

우린 그걸 아는 한 가장 멋지게 연주할 거야, 그 가치가 어떻든 말이야

잃어버린 건 이미 잃어버린 것, 홍수에 떠내려가 버린 걸 되찾을 순 없지

하지만 내 행복은 바로 나야, 핏줄보다 더 널 사랑해


이 세상 전체를 다시 만드는 건 전혀 내 일이 아니었어

전쟁터에서 돌격 나팔을 불 생각도 전혀 없지

왜냐하면 난 사랑으로도 굽힐 수 없는 그 모든 것들보다 더 널 사랑하니까

그리고 만일 영원이란 게 있다면, 또다시 널 사랑할 거야

# 끝을 알 수 없는 예술가

밥 딜런은 예순이 넘은 2000년대부터는 더 바빠졌어요. 2000년에는 폴라뮤직상●과 오스카상을 받았고요. 영화 〈원더 보이스 Wonder Boys〉를 위해 쓴 곡 〈Things Have Changed〉는 아카데미상을 받았어요. [Time Out of Mind] 뒤에 발표한 음반 [Love and Theft]도 그래미상을 받으며 호평받았어요. 좀처럼 쉬지 않는 밥 딜런은 교회 노래를 발표하기도 하고, 영화 〈가장과 익명 Masked and Anonymous〉의 시나리오를 쓰고 연출까지 했어요. 2004년 10월에는 자서전을 펴냈고요. 1년 뒤에는 마틴 스코세이지 Martin Scorsese 감독이 만든 밥 딜런 다큐멘터리 영화 〈No Direction Home Bob Dylan〉이 나왔어요.

2006년 밥 딜런은 [Modern Times]라는 새 음반을 내놓았는데요. 이 음반은 그래미상을 받았을 뿐 아니라 30년 만에 다시 미국 차트 1위까지 올랐어요. 음악 전문 매체들에서도 이 음반을 올해의 음반으로 뽑았어요. 이 음반은 거장이 늘 한결같이 새 음악을 만들고 있다는 사실을 새삼스럽게 알려 줬어요. 좋은 음반을 내놓은 덕분에 밥 딜런은 그래미상에서 상을 받았고요. 누구도 밥 딜

● **폴라뮤직상** 스웨덴 왕립음악원에서 주관하는 음악 부문 상으로, 음악의 노벨상이라 불린다.

런의 존재와 능력을 부정할 수 없게 되었어요. 예순 살이 넘어 내놓은 음반이 올해의 음반으로 뽑히는 건 아주 드문 일이니까요. 음악에서 나이가 중요하진 않지만, 예순 살이 넘어서도 1위를 하는 음반을 발표하는 뮤지션은 결코 흔하지 않으니까요.

밥 딜런은 오직 음악으로만 호출되진 않았어요. 이듬해인 2007년에는 밥 딜런을 모델로 한 영화 〈아임 낫 데어I'm Not There〉가 큰 화제가 되었답니다. 케이트 블란쳇Cate Blanchett을 비롯한 6명의 배우가 밥 딜런의 서로 다른 모습을 연기하는 것처럼 담은 방식이 독특했는데요. 밥 딜런이 그만큼 자유롭고 다양한 모습을 갖고 있기 때문이에요. 밥 딜런은 단지 뮤지션으로만 여겨지지 않았고, 다들 끝을 알 수 없는 예술가의 상징처럼 생각했어요.

실제로 밥 딜런은 투어 공연을 다닐 때도 자신이 불렀던 노래를 완전히 다르게 편곡해서 새로운 곡처럼 만들어 버리곤 했어요. 2010년 한국에 처음으로 내한 공연을 왔을 때도 어쿠스틱 기타를 치면서 노래하지 않았어요. 밴드와 함께 록과 블루스의 느낌을 함께 담은 스타일로 노래하면서 팬들을 어리둥절하게 만들어 버렸어요. 밥 딜런은 자신의 대표곡을 낯설게 부르고, 자신의 최신곡들을 더 많이 부르면서 지금 자신이 우리가 알고 있던 밥 딜런과 다르다는 걸 보여 주었어요. 밥 딜런은 항상 아무도 모르는 곳, 밥 딜런 자신조차도 모르는 곳에 훌쩍 가 있곤 했어요.

2000년대의 밥 딜런은 다시 주목받으면서 광고에 출연했을 뿐만 아니라, 슈퍼볼 경기 때 방송된 광고에 나와 래퍼 윌 아이엠 Will.i.am과 노래하기까지 했어요. 밥 딜런의 인기는 계속 이어졌어요. 2008년에는 대중음악과 미국 문화에 큰 영향을 미친 것을 인정받아 퓰리처 특별 감사상을 받았고요. 2009년에 발표한 음반 [Together Through Life]는 미국 빌보드 차트와 영국 음반 차트에서 1위를 했어요. 두 나라 차트에서 동시에 1위를 차지하다니, 정말 대단한 기록이에요. 밥 딜런의 영광은 여기서 끝나지 않았어요. 2012년 35번째 정규 앨범을 발표한 밥 딜런에게 버락 오바마 대통령이 미국의 국익과 세계 평화에 이바지한 이들에게 주는 자유의 메달을 수여했고요. 밥 딜런의 미발표 음원들과 박스 세트도 계속 나왔어요. 2014년에는 밥 딜런의 노래 가사들을 담은 책도 나왔어요. 2015년에 발표한 새 음반 [Shadows in the Nights]는 또다시 영국 음반 차트에서 1위를 차지하고 그래미상을 받았어요. 한 번 1위를 하기도 어려운데 최근 연속 세 번이나 차트 1위를 한 밥 딜런은 여전히 활동하는 현재 진행형 뮤지션이에요. 밥 딜런의 시대는 끝나지 않았어요. 그 후에 나온 음반들도 계속 호평을 받았거든요.

2012년 워싱턴DC 백악관에서 오바마 대통령이 밥 딜런에게
자유의 메달을 수여하고 있는 모습

## 삶이 노래가 되고, 노래가 삶이 되는

밥 딜런은 이렇게 열정적이고 한결같은 모습으로 살아가고 있어요. 밥 딜런이 그동안 해낸 일들을 보면 노벨문학상은 밥 딜런에게 쏟아진 수많은 찬사 중 하나일 뿐이라는 생각이 들어요. 밥 딜런은 상을 타서 위대하고, 상을 타지 못해 덜 위대한 예술가가 아니에요. 밥 딜런은 상 너머에 우뚝 서 있는 뮤지션이에요. 앞으로도 얼마든지 좋은 노래를 만들어 낼 수 있는 뮤지션이에요. 음악과 활동으로 다른 예술가들에게 계속 영감을 주고 있는 예술가예요.

그는 진지하고 의미 있는 목소리를 노래했을 뿐만 아니라 한곳에 머물지 않는 시선으로 평생 예술가의 자유로움을 보여 주었고요. 끈질기게 작업해 완성도 높은 음악을 만들어 냈어요. 시간이 흐르면서 음악의 트렌드가 바뀌고, 오래된 장르가 생명력을 잃을 때 밥 딜런은 록, 블루스, 컨트리, 포크 음악이 지닌 매력과 아름다움을 보여 주었고요. 음악으로 사람들의 삶과 시대를 표현하면서 예술이 삶과 시대와 멀리 떨어져 있지 않다는 걸 확인시켰어요. 밥 딜런의 작품은 예술이 삶과 시대의 문제를 해결할 수는 없지만, 그 문제를 기록하고 더 깊게 고민하도록 도울 수 있다는 걸 증명했어요. 그건 포크 뮤지션들을 비롯한 음악인들이 지키려고 했던 음악의 중요한 정신이기도 했어요. 그래요, 밥 딜런은 포크 음악을 비롯한 여러 음악의 가치와 아름다움을 계속 이어 나간 뮤지션이에요.

밥 딜런은 예술 시장과 미디어, 팬, 스타의 복잡한 관계를 드러내는 거울이 되기도 했어요. 그는 예술가가 얼마나 복잡하고 불안하고 멈출 수 없는 영혼인지를 보여 주는 증거처럼 살았어요. 그렇게 살지 않았다면 좋은 작품을 만들지 못했을 거라고 장담할 수는 없어요. 다만 밥 딜런은 자신의 복잡하고 불안한 영혼을 감추거나 속이지 않고 자신의 영혼이 이끄는 대로 나아갔어요. 자유롭지만 동시에 고통스러웠을 길을 걸어갔기 때문에 밥 딜런은 어느 뮤지션들과 다른 음악을 할 수 있었어요. 밥 딜런은 밥 딜런이 아니면 할 수 없는 음악을 해냈어요.

밥 딜런이 자유롭게 살고, 밥 딜런이 아니면 할 수 없는 음악을 만들어 낸 덕분에 우리는 다른 노래를 듣고 다른 생각을 할 수 있어요. 밥 딜런은 혼자였지만 그가 만든 노래는 수많은 사람들에게 날아갔어요. 그리고 수많은 사람들이 자신과 다른 삶을 지켜보게 했어요. 세상이 어떻게 돌아가는지, 어떤 세상이어야 하는지, 어떤 삶이어야 하는지 생각하게 만들었어요. 오직 그의 노래만으로 생각이 바뀌고 삶이 바뀌지는 않았다 해도 그의 노래가 없었다면 우리는 다른 생각 몇 개는 끝내 못했을 거에요. 다른 노래 몇 곡도 결국 못 듣고 말았을 거예요.

　우리의 생각은 다른 이들의 말과 글과 이야기가 모이고 모여 완성되고, 그로 인해 달라져요. 우리 중 누군가는 밥 딜런의 노래로 인해 생각이 달라지고 삶이 달라졌을 거예요. 밥 딜런처럼 살지는 못하더라도 밥 딜런의 노래를 들으면 밥 딜런의 노래가 반짝이는 쪽으로 가고 싶어지니까요. 밥 딜런은 그저 노래를 했을 뿐이라고 이야기하겠지만 좋은 노래는 이렇게 흐르고 흘러 사람을 만들고 세상을 만들어요. 우리가 살고 있는 세상 그중 얼마쯤은 밥 딜런의 노래로 만들어져 있어요. 삶과 세상이 노래가 되고, 노래는 다시 삶이 되고 세상이 돼요. 오늘도 마찬가지예요.

# 흔한 가사를 넘어 자기만의 예술성을 펼치다

　밥 딜런은 예술계를 휩쓴 초현실주의의 영향을 받아 쉽게 알아들을 수 없는 노랫말을 쓰기도 했어요.

묘비 블루스*

　사랑스럽고 예쁜 것들은 물론 이제 잠자리에 들었어
　시의원들은 승인하려고 해
　폴 리비어가 탔던 말의 환생을
　하지만 마을은 불안에 떨 필요가 없지

　벨 스타의 유령은 자신의 지혜를
　수녀 이세벨에게 물려주네, 이세벨은 맹렬하게
　잭 더 리퍼에게 줄 대머리 가발을 짜고
　잭 더 리퍼는 상공회의소 상석에 앉아 있지

　사실 이런 노랫말을 이해하기는 쉽지 않아요. 하지만 이해하기 어렵다고 해서

●《밥 딜런: 시가 된 노래들 1961-2012》의 번역문을 부분 인용함.

의미가 없는 건 아니에요. 다들 알아듣기 쉽게 노래할 때 밥 딜런은 무의식을 넘나드는 새로운 표현으로 예술의 변화를 반영하면서 노랫말도 다르게 표현할 수 있다는 것을 보여 주었으니까요. 밥 딜런은 자유롭게 표현하면서 노랫말이 짧고 쉽고 흔한 이야기여야 한다는 고정관념을 깨트렸어요. 밥 딜런은 더 깊게 생각해야 느낄 수 있는 노랫말을 보

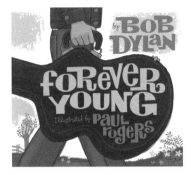

밥 딜런의 대표곡 〈Forever Young〉을
화가 폴 로저스가 새롭게 해석한 그림책

여 줘서 노래 가사가 시와 다르지 않다는 걸 증명했어요. 이 정도 노랫말이라면 시와 노랫말의 차이를 묻는 게 의미가 없죠. 밥 딜런의 글 쓰는 능력이 얼마나 다채롭고 능수능란한지 알 수 있는 노랫말은 이 노래 말고도 많아요. 밥 딜런이 노벨문학상을 받기 전부터 인정받은 이유예요.

밥 딜런은 생각과 관심이 바뀔 때마다 더 다양한 이야기를 풀어놓곤 했어요. 그래서 밥 딜런의 노랫말을 읽으면 그 당시 밥 딜런의 생각과 관심이 어떻게 달라지는지 알 수 있어요. 그리고 밥 딜런이 짧은 노랫말 속에 얼마나 효과적으로 자신의 생각을 담아냈는지도 알 수 있어요. 여기서 밥 딜런의 멋진 노랫말들을 다 소개할 수 없어서 아쉽네요. 밥 딜런이 삐딱하고 비판적이고 가슴 아프고 자유분방한 이야기만 한 건 아니고요. 다정하고 속 깊은 이야기도 많이 했는데요. 이제 제 마음 같기도 한 노래 한 곡을 마지막으로 더 소개할게요. 이 노래처럼 모두들 영원히 젊기를. 그리고 밥 딜런의 음반이나 책을 보면서 다른 노랫말들도 차근차근 더 읽어 보시길.

영원히 젊기를 *

부디 신께서 당신을 축복하고 늘 지켜주기를

부디 당신이 비는 소원이 모두 이루어지길

부디 당신이 늘 남들을 도우며 살길

그리고 남들이 당신에게도 도움이 되길

부디 당신이 별까지 이르는 사다리를 세우길

그리고 차근차근 밟아 오르길

부디 당신이 영원히 젊기를

영원히 젊기를, 영원히

부디 당신이 영원히 젊기를


부디 당신이 정직하게 자라나길

부디 당신이 진실한 사람으로 자라나길

부디 당신이 늘 진리를 알게 되길

그리고 당신을 둘러싼 빛들을 보게 되길

부디 당신이 늘 용감하기를

곧게 서서 강해지기를

부디 당신이 영원히 젊기를

영원히 젊기를, 영원히

부디 당신이 영원히 젊기를


● 《밥 딜런: 시가 된 노래들 1961-2012》의 번역문을 부분 인용함.

밥 딜런 같은

뮤지션을 꿈꾼다면

# 그런데
# 음악이 뭐지?

## '소리'의 예술

음악인, 그중에서도 대중음악인이 되고 싶은 청소년이 많을 텐데요. 이제 어떻게 하면 뮤지션이 될 수 있는지 차근차근 이야기해 보려고 해요. 그런데 뮤지션이 되는 방법을 이야기하기 전에 음악에 대해 먼저 이야기해 보면 어떨까요? 음악에 대해서는 다들 잘 알고 있다고 생각하겠지만, 이번 기회에 기본적인 이야기부터 해 보면 더 좋을 거 같아요.

우리는 음악을 예술이라고 하는데요. 음악은 예술인 동시에 표현이지 않을까요? 우리는 음악으로 생각과 감정을 표현하잖아요. 음악을 만든 사람을 몰라도 음악을 들으면 어떤 생각, 어떤 감정을 표현하려고 하는지 알 수 있잖아요. 음악은 예술이 되기 전, 인간의 표현 방법 중 하나였어요. 사람은 자신의 생각과 감정을 말이나 동작으로 표현하다가 차츰 말에 리듬을 붙이고, 멜로디를 실어 표현하면서 음악을 만들었어요. 리듬, 멜로디, 사운드를 표현하는 기술을 발전시켜서 지금처럼 다양한 음악을 만들어 냈어요.

사람은 생각과 감정을 표현할 수 있는 방법을 계속 발전시키면서 다양한 예술을 창조했는데요. 문학, 춤, 연극, 영화, 드라마, 만화, 미술 같은 예술은 모두 생각과 감정을 전달하는 특별한 표현 방법이라고 할 수 있어요. 그래서 예술을 평가할 때는 생각과 감정을 얼마나 잘 표현했는지 따져 보곤 해요. 아무리 눈에 띄는 외모로 멋진 옷을 입고 근사한 목소리를 가지고 있어도 생각과 감정을 잘 표현하지 못하면 좋은 예술 작품이 될 수 없어요. 반대로 외모가 특별하지 않고 아름다운 목소리를 가지고 있지 않아도 생각과 감정을 잘 표현하면 훌륭한 노래가 돼요. 외모를 다듬고 고음을 잘 낸다고 감동을 줄 수 있는 건 아니에요. 예술로 감동을 주려면 어떤 생각과 감정을 표현하려 하는지 정확하게 알아야 하고, 그 생각과 감정을 어떻게 표현해야 제대로 표현할 수 있는지 고민해야 해요.

그런데 음악은 소리라는 점이 다른 예술과 달라요. 글은 문자, 춤은 몸짓, 연극은 말과 동작이고요. 영화와 드라마는 말과 동작을 영상으로 찍은 거예요. 미술은 색과 형태 혹은 조형물이죠. 하지만 음악은 소리예요. 소리라서 귀로 들어요. 글, 춤, 연극, 영화, 드라마, 미술은 눈으로 볼 수 있지만, 음악은 눈으로 볼 수 없어요. 뮤지션이 노래하고 연주하는 모습을 볼 수 있지만, 보이는 건 동작뿐. 소리가 보이지는 않아요. 노래 가사는 오직 글로 적을 때만 보여요. 노래할 때 가사나 멜로디가 홀로그램처럼 허공에 새겨지지 않아요. 음악은 문자가 아니고, 피사체가 아니에요. 몸짓도 영상도 아니에요. 음악은 오직 소리로만 표현해요. 그래서 들어야만 하고요. 금세 사라져 버려요.

게다가 음악의 소리는 다른 소리와 달라요. 음악의 소리는 바람 소리, 빗소리, 자동차 클랙슨 소리, 이야기 소리와 달라요. 이 소리들이 음악에 쓰일 수 있어도 그 소리들이 항상 음악이 되지는 못해요. 음악의 소리는 어떻게 다를까요? 어떤 소리가 음악이 될까요? 음악이 되는 소리에는 규칙이 있어요. 음악이 되려면 음악 언어가 되는 절차를 거쳐야 해요. 바로 리듬과 음과 사운드가 되는 절차예요. 음악에는 리듬이 있고, 멜로디가 있고, 화음이 있고, 사운드가 있고, 톤이 있어요. 눈앞에 보여 줄 수 있는 건 악보뿐이지만 우리는 리듬, 멜로디, 화음, 사운드, 톤이 음악의 규칙이자 언어라는 걸 알아요. 사람들이 이야기를 나누려면 언어가 있어야 하듯 리듬, 멜로디, 화음, 사운드, 톤이라는 음악 언어가 없으면 음악이 되지 못해요. 이 중 한두 가지라도 있어야 음악이 돼요. 그래서 음악을 알고 이해하기 위해서는 음악의 규칙인 음악 언어를 파악해야만 해요.

## 음악의 단단한 중심, 리듬

음악 언어의 기본은 리듬이에요. 음악은 기본적으로 리듬을 갖고 있어요. 멜로디가 없는 음악도 리듬을 가지고 있고요. 느리게 흘러가는 음악도 리듬이 있어요. 리듬만 있는 음악도 있을 만큼 리듬은 음악의 단단한 중심이에요. 우리가 흔히 연상하는 고대의 음악이나 많은 민속 음악은 실제로 리듬만으로 표현해요. 드럼 연주나 한국 전통 음악 중에서 사물놀이를 떠올려 보세요. 북과 장구 같은 타악기의 리듬만으로도 느리고 빠르고, 느려지고 빨라지는 기운을 표현하기에는 충분해요. 리듬과 비트는 긴 리듬과 짧은 리듬, 그러니까 장단長短을 교차시켜 만드는데요. 장단의 교차만으로 우리를 편안하게 하거나 열광시켜요.

리듬의 원리는 반복이에요. 한 번만 던져지는 리듬은 리듬이 될 수 없어요. 같은 리듬을 계속 반복해야 리듬으로 살아 있을 수 있어요. 같은 리듬을 반복한다는 것은 리듬을 쌓아 구조를 만드는 거예요. 리듬은 반복하면서 박자라는 구조를 세우고요. 그 구조 안의 속도와 여백 사이 밀도를 조정하면서 이야기를 만들어요. 박자에 담기는 이야기는 박자만큼 정확하게 채워지거나 비워지고 당겨져요. 다급하거나 경쾌하거나 느린 리듬의 차이가 그 안에 담길 이야기를 결정해요. 가령 2박자의 빠른 리듬으로 게으름과 여유로움을 표현하기는 어렵잖아요. 게으름과 여유로움을 표현하는 박자는 훨씬 느릴 테니까요.

리듬에서 출발하지 않고 완성할 수 있는 음악은 없을 거예요. 우리가 노래를 흥얼거릴 때 멜로디만 흥얼거린다고 생각하지만, 멜로디에는 항상 리듬이 함께 있어요. 모든 음악에서 리듬은 존재감이 또렷해요. 특히 힙합 같은 현대 대중음악에서 리듬의 역할은 도드라져요. 말의 리듬이 힙합의 생명이잖아요.

## 리듬이 뼈대라면 멜로디는 얼굴

하지만 뼈대만으로 집이 만들어지지 못하듯 음악에는 좀 더 많은 언어와 장치가 필요해요. 리듬만큼 중요한 음악 언어가 바로 멜로디예요. 멜로디는 선율로 음악 속 이야기를 더 구체적으로 만

리듬만으로 음악을 표현하는 사물놀이와 드럼 ⓒ Asfreeas

들어요. 한 개의 음만 던져졌을 때는 선율이 되지 못하는 음이 다른 음과 어울리면서 차츰 멜로디가 되고 이야기가 돼요. 한 개뿐인 음이 어떻게 연결되는지에 따라 멜로디는 무궁무진 다양하게 달라져요. 멜로디에서 중요한 것은 관계예요. 리듬도 장단의 관계와 반복으로 만들어지는데요. 리듬은 고정된 편인데 멜로디는 훨씬 많이 변해요. 음들이 어떻게 만나고 어떻게 어울리는지에 따라, 그러니까 음들의 관계에 따라 멜로디는 계속 달라져요. 세상에 수많은 음악이 있고, 비슷한 리듬을 쓰지만 계속 새로운 음악이 나올 수 있는 것도 멜로디가 다르게 연결될 수 있는 관계의 가능성 덕분이에요.

음악의 코드와 화음도 음이 만든 멜로디가 연결되면서 만들어져요. 멜로디는 리듬이 그려 놓은 설계도 위에서 구체적인 이야기를 써 내려가는데요. 리듬이 뼈대라면 멜로디는 얼굴이에요. 뼈대는 쉽게 바꿀 수 없지만 얼굴은 분장이나 화장, 표정으로 얼마든지 바꿀 수 있어요. 멜로디는 음을 연결해 만든 이야기로, 창작자가 하려는 이야기를 살아 있는 음악으로 탄생시켜요. 대부분의 음악은 멜로디와 리듬의 결합만으로도 완성되곤 해요. 가사는 없어도 돼요. 운명교향곡이라고 부르는 베토벤의 교향곡 제5번 C단조(작품번호 67)의 앞부분을 떠올려 보세요. 몇 개의 음이 결합하고 리듬이 받쳐주는 것만으로도 곡은 거의 완성되다시피 했잖아요. 우리는 그 테마를 듣기만 해도 곡에 매료되잖아요. 음악에서 멜로디, 그중에서도 테마의 힘이 막강하기 때문이에요. 주선율이라고 할 수 있는 테마는 곡의 가장 핵심적인 멜로디인데요. 곡의 정서와 주제를 압축적으로 담아요. 영화나 소설이라면 훨씬 길게 말해야 하는 내용을 음악은 단 몇 초의 멜로디와 리듬만으로도 담을 수 있어요. 음악의 놀라운 힘이에요. '훅 송Hook Song'이라고 부르는 중독성 강한 노래가 나올 수 있는 것도 음악의 힘 때문이에요. 물론 음악도 대개 3분 이상의 길이를 지니고 있지만 우리가 한 곡에 매혹되기 위해 항상 3분 이상의 시간이 필요하지는 않아요. 한 곡의 음악에 마음을 빼앗기는 데는 10초면 충분해요. 그만큼 멜로디와 리듬은 압도적이에요.

## 어떤 '톤'을 좋아하니?

그렇다고 리듬과 멜로디가 음악의 전부는 아니에요. 가사도 중요해요. 그렇지만 가사가 없는 음악도 많아요. 가사는 사실 음악에서만 쓰는 언어는 아니에요. 가사는 일상 언어나 시 혹은 산문의 문학 언어에 가까워요. 그렇다면 음악에는 뭐가 더 남았을까요? 바로 톤과 사운드예요.

톤을 어떻게 표현하면 좋을까요? 톤은 빛과 색, 농도랄까요. 아니, 고유한 개성이라고 해도 좋겠네요. 세상의 많은 이들이 김치를 담그지만 어떤 김치도 똑같지 않듯 음악도 마찬가지예요. 같은 곡을 연주하고 불러도 연주하고 부르는 사람마다 미묘하게 달라요. 노래하는 목소리, 보컬부터 다르잖아요. 보컬에는 가는 목소리, 굵은 목소리, 여린 목소리, 거친 목소리, 낮은 목소리, 높은 목소리, 맑은 목소리, 허스키한 목소리, 콧소리, 꺾기, 억양, 호흡 등등 수많은 차이가 있어요. 이런 톤의 차이가 음악을 뮤지션마다 다르게 만들고, 그 음악을 특정 뮤지션의 음악으로 만들어요. 우리는 톤으로 보컬과 연주의 주인공을 알아차려요. 톤은 소리로 찍는 도장 같은 것. 글로 말하자면 문체라고나 할까요. 같은 음을 노래하고 연주해도 다른 톤 때문에 스타일이 만들어지고, 개성이 생기거든요. 멜로디와 리듬을 만드는 방식에서도 창작자의 개성이 묻어나지만, 보컬과 연주자의 톤은 더더욱 숨길 수 없어요. 우리가 특정 뮤지션을 좋아할 경우 그만의 독특한 톤 때문일 가능성이 높아요.

## '소리의 집', 사운드

이제 마지막으로 사운드가 남았네요. 사운드는 리듬, 멜로디, 화음, 톤 등이 모두 합쳐져서 만들어져요. 사운드는 한 곡에서 사용된 소리의 집이자 집합이기 때문이에요. 리듬만으로, 멜로디만으로, 화음만으로, 톤만으로 모든 곡이 만들어질 수는 없어요. 음

밥 딜런 같은 뮤지션을 꿈꾼다면

악에는 보컬, 기타, 건반, 드럼, 베이스, 관악기, 현악기를 비롯한 여러 소리가 만든 비트와 멜로디 외에도 많은 소리들이 가득 차 있어요. 음악에서 소리가 모이면 부드럽거나 거칠거나, 담백하거나 끈끈하거나, 자연스럽거나 인공적인 소리의 질감이 완성돼요. 한 곡 안의 모든 소리가 모여 만들어진 소리의 질감이 바로 사운드예요. 우리는 음악을 즐길 때 곡의 리듬과 멜로디를 즐기기도 하고, 보컬의 톤을 즐기기도 하지만 결국은 완성된 소리의 질감을 즐겨요. 록 음악을 좋아하는 이들은 록 음악 특유의 끈끈하고 거친 소리를 즐기고요. 포크 음악을 좋아하는 이들은 포크 음악의 맑고 잔잔한 어쿠스틱 사운드를 사랑해요. 발라드라고 부르는 팝 음악에서는 곱고 섬세한 사운드에 빠져들죠.

사운드는 장르와 연결되게 마련이에요. 전부 그렇다고 할 수는 없지만, 대체로 특정 장르는 특정 사운드의 스타일 안에서 움직여요. 전자 음악 사운드를 쓰는 포크 음악이 드물고, 어쿠스틱 악기로만 연주하는 록이 드물듯 한 장르는 특정 사운드를 반복해요.

그래서 음악을 만들 때 멜로디, 가사, 리듬에도 신경을 쓰지만 결국 그 소리들이 어울려 어떠한 소리의 질감을 만들어 내는지가 가장 중요해요. 소리 예술인 음악을 최종 완성하는 건 사운드이니까요. 포크 음악은 대개 최대한 곱고 맑고 울림 깊은 소리를 내려고 하고, 록 음악은 최대한 거칠고 리듬감 넘치는 소리를 만들어 내려고 하는 이유도 사운드가 중요하기 때문이에요. 뮤지션들이 녹음과 믹싱, 마스터링 작업할 때 외국까지 나가서 하는 이유도 더 좋은 사운드를 담으려고 하기 때문이고요.

음향 기기를 앞에 두고 공연하는 가수 조용필의 모습
©ACROFAN

음악을 들을 때 사운드를 들으면 곡의 정서를 단번에 느낄 수 있어요. 오래전 노래이지만 조용필의 〈단발머리〉에서는 뽕뽕거리는 소리의 질감, 그 사운드가 음악 전체의 정서를 대변하고 있어요. 이제는 조금 예스럽게 느껴지지만 당시에는 아주 현대적이고 싱싱한 신시사이저® 사운드가 곡의 중심이 되어 멜로디, 리듬, 화음, 가사를 아우르며 〈단발머리〉의 사운드를 완성했기 때문이에요. 곡 안의 모든 소리들은 그 사운드를 위해 조율되고 통일되었어요.

사운드는 이렇듯 전체적인 질감이자 총합이에요. 사람으로 치면 피부와 골격, 표정, 의상을 아우르는 인상이자 패션이라고 해

● **신시사이저** 전자 악기의 하나로, 각종 악기의 음색을 전자적으로 만들어 내고 합성할 수 있어서 작곡과 연주에 두루 사용된다. 대부분이 건반 악기 모양이다.

도 좋겠네요. 특정한 패션을 하는 이유는 바로 그 패션이 만들어 내는 질감을 즐기고 표현하기 위해서인데요. 음악도 마찬가지예요. 사운드는 패션처럼 시대와 지역마다 달라지게 마련이어서 사운드를 들으면 어떤 지역에서 언제 만들어진 음악인지 알 수 있어요. 그래서 우리는 음악을 들을 때 음악의 소리를 쪼개 듣고, 동시에 종합적으로 들어야 해요. 그래야 더 많이 듣고 더 깊이 들을 수 있어요.

# 뮤지션으로
# 산다는 것은

음악으로 사람의 마음을 움직이고 싶어?

이렇게 완성되는 음악을 한다는 건 어떤 의미가 있을까요? 음악을 한다는 건 멜로디, 리듬, 화음, 톤, 사운드 같은 음악의 매력과 아름다움을 만들고 전달하는 일인데요. 음악과 관련된 일은 다양해요. 노래하거나 연주하는 뮤지션이 있고요. 소리를 다듬고 담는 음향/녹음 엔지니어가 있어요. 그리고 뮤지션을 기획하고 관리하는 제작자가 있고요. 음악을 유통하는 온·오프라인 시스템에서 일하는 사람도 있어요. 저처럼 음악에 대해 글을 쓰는 평론가도 있죠. 우리는 그중에서 직접 노래하거나 연주하면서 음악을 만드는 사람들만 뮤지션이라고 부르지만, 직접 음악을 하지는 않더라도 이렇게 많은 사람들이 음악과 관련된 일을 하고 있어요. 모두 좋

밥 딜런 같은 뮤지션을 꿈꾼다면

은 음악을 만들기 위해 애를 쓰고요. 좋은 음악을 널리 알리려고 노력하고 있어요.

그건 음악이 금세 사람의 마음을 움직이는 힘을 가지고 있기 때문일 거예요. 앞에서도 이야기했듯 음악은 단 몇 초 만에 사람 마음을 빼앗을 수 있어요. 보통 우리가 다른 이들과 이야기할 때는 음악을 들을 때만큼 금세 마음이 움직이지는 않아요. 하지만 음악을 들으면 금세 마음이 들뜨거나 가라앉아요. 대화할 때는 상대방이 누군지 알아야 하고, 자세히 들어야 그 사람의 이야기에 공감해요. 반면 음악을 들을 때는 상대방이 누군지 몰라도 공감할 수 있고, 감동할 수 있어요. 그게 음악의 힘이에요. 음악을 들으면 선율의 아름다움에 감동해서 눈물 흘리고, 사운드가 펼쳐 보이는 깊이에 빠져들어서 넋을 잃게 되기도 해요. 우리가 대화를 나눌 때는 겨우 몇 명하고만 마음을 나눌 수 있지만, 음악은 시간과 공간을 뛰어넘어 훨씬 많은 사람을 감동시킬 수 있어요. 음악을 들으면 마음이 밝아지고 신나지고 슬퍼지고 그리워져요. 가슴 깊이 묻어 둔 감정을 다시 느끼기도 하고, 자신이 느끼지 못했던 감정을 느끼기도 해요. 위로를 받기도 하고, 황홀해지기도 해요. 음악은 이렇게 무한한 힘이 있어요.

그러다 보면 음악에 빠져들게 마련인데요. 음악에 빠져드는 사람들 중에는 음악 마니아로 남는 사람도 있지만, 이렇게 멋진 음악을 직접 해 봐야겠다고 생각하는 사람들이 있어요. 자신을 감동시킨 음악을 만든 뮤지션처럼 근사한 음악을 만들어 봐야겠다고 생각하는 거죠. 훌륭한 음악을 하고 싶다는 생각만으로 뮤지션이 되려는 사람이 있고요. 인기나 돈을 얻고 싶어서 음악을 하는 사람도 있어요. 현대에는 음악 시장이 성장한 덕분에 음악으로 큰돈을 벌거나 엄청난 인기를 얻을 수 있으니까요. 그래서 월드 스타가 되고 싶은 청소년도 있을 거예요.

## 돈과 인기만을 위해서라면 어려워

하지만 인기와 수입은 좋은 음악을 해서 얻는 결과이지 그 자체가 목적이 되어서는 안 돼요. 그렇게 해서는 좋은 음악을 할 수 없어요. 음악은 투자나 투기가 아니에요. 음악은 사람의 마음을 드러내고 마음을 움직이는 특별한 일이에요. 내 마음을 모두 담지 않으면 상대의 마음을 움직일 수 없어요. 마음을 드러내고 담는 일은 누구도 속일 수 없어서 인기를 얻거나 돈을 벌려고 거짓말을 하면 티가 나요. 오직 진심을 담고 진심으로 만들어야 해요. 그 일은 어렵고 힘들어요. 돈과 인기를 위해서만 할 수 있는 일이 아니에요. 좋은 음악은 만들기 어렵고, 좋은 음악을 만들어도 모두 사랑받지는 못해요. 그래서 돈을 많이 빌고 사랑받으려고 음악을 하는 사람은 오래 버틸 수 없어요. 음악을 좋아해야 해요. 음악을 만

밥 딜런 같은 뮤지션을 꿈꾼다면

들고 하는 일이 즐겁고 기뻐야 해요.

음악을 들으면 우리의 마음이 자라고, 비로소 자신에 대해 알게 되죠. 이렇게 소중한 음악을 하는 사람은 먼저 음악을 하는 자신부터 행복해야 하고요. 자신이 하는 일이 얼마나 중요하고 가치 있는 일인지 알아야 해요. 열심히 해서 인기를 얻고 돈을 버는 것도 중요하지만 선후가 바뀌면 안 돼요. 뮤지션도 노동이고 직업이니까. 뮤지션 역시 스스로 행복한 게 가장 중요하고요. 음악은 마음을 드러내고 영혼을 움직이는 일이라는 걸 잊으면 안 돼요.

그래서 뮤지션은 자신과 자신 곁의 영혼을 소중하게 생각해야 해요. 자신을 사랑하지 않고, 주변 사람들을 함부로 대하면 안 돼요. 재능이 있으면 예의 없고 품위 없는 사람도 간혹 좋은 음악을 만들 수 있지만, 그건 음악의 의미를 망가뜨리는 거나 마찬가지예요. 음악은 사람을 행복하게 하기 위해 하는 일이지, 상처를 주고 힘들게 하려고 하는 게 아니니까요. 사람을 아프게 하고 힘들게 하면서 하는 음악, 잘못된 생각을 하게 하는 음악은 하지 않는 게 좋아요. 음악은 다른 사람들의 영혼을 위해서 하는 일이기 때문이에요. 세상을 음악만큼 아름답게 만들기 위해서 하는 일이기 때문이에요. 세상의 모든 일들이 다 나름의 가치가 있지만 음악은 이렇게 특별히 의미 있는 일이라는 걸 절대 잊어서는 안 돼요.

# 뮤지션이 되려면
# 어떻게 해야 할까?

### 유튜브 스타에서 오디션 프로 우승자까지

요즘에는 음악을 하는 방법이 다양해요. 예전에는 직접 음반사를 찾아가거나 음반사에서 찾아오는 경우가 대부분이었는데요. 이제는 음악과 관련된 테크놀로지가 발전하고 채널이 늘어나면서, 음악을 만들고 알릴 수 있는 방법이 많아졌어요. 음반사에 가지 않아도 직접 녹음을 할 수 있고, 음반을 만들 수 있어요. 음반도 직접 팔 수 있어요. 음반을 만들지 않더라도 자기가 만든 노래를 소셜미디어나 유튜브 같은 온라인 플랫폼에 올려서 유명해질 수 있어요. 실제로 온라인을 통해 유명해진 뮤지션들이 많아요. 미국 밴드 오케이고Ok Go는 집 뒤뜰에서 찍은 뮤직비디오를 유튜브에 올려서 스타가 되기 시작했어요. 능력이 있고 감각이 있으면 자신을

유튜브로 스타가 된 밴드 오케이고 ⓒDaniel Nugent

알릴 수 있는 방법은 많아요.

텔레비전 공중파나 케이블 채널에도 뮤지션을 뽑는 프로그램들이 흔해요. 회사에 들어가지 않고도 도전해 볼 수 있어요. 연예 기획사에 들어가면 오랫동안 연습생 생활을 해야 하지만, 텔레비전 오디션 프로그램에 나가면 금방 스타가 될 수 있어요. 그래서 텔레비전 오디션 프로그램에 응모하는 이들이 굉장히 많아요. 시청률도 높은 편이고요.

그런데 아이돌을 뽑는 오디션은 경쟁이 치열하고요. 오디션에서 뽑힌다고 다 아이돌 뮤지션으로 데뷔하지는 못해요. 아이돌 뮤지션이 되는 사람은 극소수예요. 드라마 〈미생〉처럼 계속 노력했지만 성공하지 못한 채 뒤늦게 다른 일을 해야 할 수 있어요. 스타에게 쏟아지는 조명은 화려하지만 스타가 된 사람보다 스타가 되지 못한 사람이 훨씬 많으니까요. 음악을 해서 생활을 하고 생계를 유지하는 일은 사실 쉬운 일이 아니에요.

## 학교에서도 클럽에서도 가능해

음악을 하는 또 다른 방법은 정규 교육 과정을 통해 음악을 배우는 방법이에요. 음악을 하는 이들 중에는 실용음악학원에서 기초를 배운 다음 예술 중·고등학교와 대학 실용음악과에 진학하는 경우도 많아요. 이렇게 하면 음악을 체계적으로 배울 수 있어요. 오랫동안 음악을 하고 연구한 선생님들이 전문적으로 음악을 가르쳐 주니까요. 음악을 하려는 이들과 함께 노래하고 연주하면서 실력을 쌓을 수 있어요. 학교에 있으면 음악에 대한 정보를 쉽게 얻을 수 있죠. 선후배나 선생님에게 배우고 도움을 받을 수 있으니까요. 대학에 가면 정식 학위를 받을 수 있다는 점도 장점이에요. 그래서 아이돌 뮤지션들 중에서도 대학 실용음악과에 가는 경우가 있어요. 반면 아이유처럼 대학에 가지 않는 경우도 있죠. 사람마다 달라요.

학교 밖에서 뮤지션이 되는 이들도 많아요. 홍익대학교 앞이나 용산구 이태원 쪽의 라이브 클럽이나 카페 등지에서 활동하는 방법이에요. 광주, 대구, 대전, 부산, 인천 등 다른 지역에도 이렇게 활동하는 뮤지션들이 많아요. 인디 신Indie Scene이라고 부르기도 하는 이 공간들에서는 수많은 뮤지션들이 음악을 만들어 공연하면서 활동하고 있어요. 음악을 전공하지 않아도 얼마든지 좋은 음악을 만들 수 있어요. 이 뮤지션들도 똑같이 음반을 내고 온라인에

밥 딜런 같은 뮤지션을 꿈꾼다면

음원과 뮤직비디오를 올려서 음악을 알려요. 그리고 라이브 클럽과 공연장에서 공연을 하고요. 대중음악 페스티벌에도 출연해요. 아이돌 뮤지션이 아니고, 텔레비전에 나오지 않는 뮤지션들이기 때문에 모르는 사람들이 많지만 요즘에는 10cm, 멜로망스, 선우정아, 옥상달빛, 장기하와 얼굴들, 혁오처럼 스타가 되는 인디 뮤지션들이 늘었어요. 데이브레이크, 소란, 신현희와 김루트, 정준일처럼 아주 유명해지지는 않더라도 적지 않은 인기를 얻는 이들도 많아요. 한국대중음악상을 받는 뮤지션들 중에서도 인디·비주류 신에서 활동하는 뮤지션들이 다수예요. 2018 평창 동계 올림픽 폐막식에 등장했던 밴드 두번째달, 잠비나이도 그런 팀 중 하나예요. 잠비나이는 해외에서 더 유명하죠. 이제는 텔레비전에 나오지 않더라도 소셜미디어나 대중음악 페스티벌 등을 통해 얼마든지 음악을 접할 수 있는 시대니까요. 해외에서도 활동할 수 있는 시대니까요. 중요한 건 좋은 음악을 만들고, 효과적으로 알리는 거예요.

## 음악계는 수많은 프로페셔널의 세계

음악을 잘 만들고 잘 알리기 위해서는 무척 많은 사람이 필요해요. 실용음악학원이나 학교에서 음악을 가르치는 선생님이 있어야 하고요. 좋은 가사와 곡을 써 줄 수 있는 사람도 소중해요. 곡을 잘 녹음하고 다듬는 엔지니어도 있어야죠. 음반을 멋지게 디자인해 주는 사람, 사진을 잘 찍어 줄 사람, 뮤직비디오를 만들어 줄 사람도 없으면 안 돼요. 공연을 하면 연출해 주는 사람, 무대를 디자인하는 사람, 음향과 조명을 디자인하는 사람, 공연을 홍보하고 알리는 사람, 관객들을 안내하고 진행하는 사람, 이 일을 모두 확인하고 감독할 사람이 있어야 해요.

자세히 들어가면 더 구체적인 일을 하는 사람들이 있어요. 연예기획사나 레이블(음반 브랜드)을 운영하면서 뮤지션을 뽑고, 전략을 짜서 내놓는 사람. 온라인 음악 서비스를 운영하는 사람. 공연장을 운영하는 사람. 음악을 평론하는 사람까지 음악계에는 참 많은 사람이 필요해요. 직접 음악을 하지 않아도 음악계에서 할 수 있는 일은 많아요. 그러니 음악 쪽에서 일을 하고 싶다면 좀 더 다양한 직업을 꿈꿔 봐도 좋을 거예요. 대학에서 배우거나, 일을 하는 현장에서 배우면서 실력을 쌓고 전문가가 될 수 있어요. 전공이 중요하지는 않아요. 음악을 좋아하는 사람들은 많고, 계속 새로운 스타가 탄생해요. 사람은 계속 필요해요.

## 스스로에게 물어봐, 얼마나 간절한지

음악 쪽 일을 하려면 어떤 준비가 필요할까요? 당연히 음악을 좋아하고 잘 알아야겠죠. 특정 장르만 좋아하기보다는 가급적 다양한 음악을 두루 알고 있는 편이 좋아요. 음악을 다양하게 알지는 못하더라도 최소한 자기가 하려는 음악만큼은 깊이 알고 있어야 해요. 가령 힙합을 한다면서 런 디엠시Run D.M.C.나 퍼블릭 에너미Public Enemy, 나스Nas도 모르면 곤란하겠죠. 밥 딜런이 그랬듯 음악을 많이 듣고 때로는 공부하듯 들어야 해요.

그리고 음악이나 다른 예술에서 어떤 생각과 감정을 어떻게 표현하고 있는지 살펴봐야 해요. 같은 생각을 어떻게 하면 더 다르게 잘 표현할 수 있는지, 어떻게 하면 더 깊은 생각을 담을 수 있는지 다른 작품에서 배우고 자극받아야 해요. 가령 사랑을 표현한다면 사랑의 설렘이나 아픔은 어떻게 표현하는 게 좋은지 배워야 해요. 그런데 사랑은 그저 좋고 끌리는 감정만이 아니잖아요. 사랑하면서도 밉고 질투하고 아쉬운 마음이 있잖아요. 어떤 작품은 그저 좋고 끌리고 아픈 마음만 표현해도 좋지만, 사랑의 양면성을 보지 않고 말하지 않는 작품은 개성과 깊이를 갖기 어려우니까요. 자신이 표현하려는 주제를 깊게 고민하고, 계속 다른 예술가들의 작품을 보면서 배워야 해요. 그러면서 자신의 생각과 경험을 더해서 다르게 만들어야 해요. 그렇게 하지 않으면 자기가 만든 작품이 다른 이들에게 어떻게 보일지 알 수 없고요. 자신만의 작품도 만들 수 없어요.

어떤 예술도 홀로 존재할 수 없어요. 예술은 경쟁이 아니기 때문에 항상 열린 마음으로 세상의 흐름과 예술의 흐름을 받아들이면서 자신의 작품을 만들어야 해요. 예술가가 내놓는 작품은 결국 세상을 향해 말을 거는 일이고, 세상의 수많은 사람 중 하나로서 자신이 해야 할 역할을 하는 거라는 걸 잊어서는 안 돼요. 세상은 그렇게 서로 다르지만 각자 자신의 일을 하는 사람들의 마음과 정성으로 채워지니까요.

그리고 음악 같은 예술은 혼자 하기도 하지만 함께 작업을 하는 경우도 많기 때문에 항상 다른 사람들을 배려하고 서로 조율해야 해요. 자기 생각만 옳다고 고집해서는 같이 일할 수 없어요. 서로 자기 생각이 가장 옳다고 우기면 어떻게 같이 일을 하겠어요. 다른 사람과 일을 할 때는 예의를 다해 존중하면서 설득하고, 다른 사람의 의견을 받아들여야 해요. 절대로 상대를 차별하거나 무례한 행동을 하면 안 되고요. 자신만 세상의 중심이 아니라 모두가 똑같이 세상의 중심이라는 걸 인정하지 않으면 안 돼요.

무엇보다 일을 잘하고 오래 하려면 자신을 잘 알고, 간절한 마음으로 꾸준히 하는 게 가장 중요해요. 진심으로 원하지 않는 일, 잘할 수 없는 일은 시작하지 않는 게 나아요. 그러려면 우선 자신의 마음과 능력을 정직하게 들여다봐야 해요. 자신의 마음이 간절하지 않으면 오래 할 수 없고, 제대로 할 수 없으니까요. 뮤지션이 되고 싶거나, 음악 쪽 일을 하고 싶다면 스스로 물어보세요. 얼마나 간절한지. 자신의 능력은 충분한지. 그 질문이 뮤지션이 되고 일을 하기 위한 첫 걸음이에요. 이 질문은 어쩌면 평생 해야 할 질문일지 몰라요. 인생은 자기 자신에게 묻고 답하고 열정과 능력을 채우면서 살아가는 시간의 연속이니까요. 모쪼록 음악과 자신을 잘 맞춰 가면서 꿈을 이루기를.

# 포크 뮤지션이
# 궁금해?

## 1960년대에 전해진 영미권의 포크 음악

이제 세상은 모두 연결되었다고 할 수 있어요. 200년 전만 해도 완전히 연결되지 않았는데 과학 기술이 발전하고 전쟁과 무역이 이어지면서 어느새 세상은 다 연결되었어요. 사는 모습도 비슷해졌어요. 우리는 텔레비전을 보고, 스마트폰을 쓰고, 소셜미디어로 소통하는데요. 어지간히 멀리 있어도 실시간으로 정보를 주고받을 수 있고요. 다들 비슷한 자본주의 라이프스타일로 살아가고 있어요.

영미권에서 만들어진 대중문화는 세계인의 삶을 비슷하게 만드는 데 큰 역할을 했어요. 영화나 드라마 속 식탁에서 빵과 고기를 먹는 모습, 정원을 가꾸고 차를 모는 모습, 자유롭게 사랑하는 모

밥 딜런 같은 뮤지션을 꿈꾼다면

습은 영화 속 서구의 삶을 표준이라고 생각하게 했고요. 록, 블루스, 재즈, 팝, 포크를 비롯한 서구 대중음악은 여러 나라에 원래 있던 민속 음악이나 창작 음악보다 더 많은 인기를 얻으면서 세계인들의 취향을 비슷하게 만들었어요.

우리나라도 마찬가지예요. 우리나라가 아직 영국이나 미국과 교류하지 않던 조선 시절 한국인의 삶은 서구와 달랐어요. 음악만 해도 서구의 고전 음악 클래식이나 민속 음악은 없었죠. 우리는 오직 한국의 전통 음악만 듣고 불렀어요. 하지만 굳게 닫힌 문을 열고 개항하면서 우리나라의 음악도 달라졌어요. 서양과 일본의 교회 노래, 창가, 클래식 같은 음악들이 쏟아져 들어왔으니까요. 한국에서도 금세 비슷한 노래들이 만들어졌고 민요보다 인기를 끌었어요. 그 후 일제 강점기, 해방, 한국 전쟁을 거치면서 우리나라에는 계속 더 많은 서양 음악들이 들어왔죠. 지금 우리가 사랑하는 음악들은 대부분 영미권의 대중음악이에요. 록, 알앤비, 일렉트로닉, 팝, 힙합은 모두 영미권에서 먼저 만든 음악이에요. 우리나라에서도 이 장르 음악을 만들고 있지만 이 중 한국에서 처음 만든 장르는 하나도 없어요. 그만큼 우리나라의 음악은 영미권에서 만든 음악의 영향을 많이 받았어요. 한국 전통 음악이 계속 이어지고 있고 해외에도 알려지고 있지만 영미권 대중음악만큼 강력한 인기를 얻지는 못해요. 영미권에서는 자신들의 민속 음악을

밥 딜런, 똑같은 노래는 부르지 않아

현대화해서 현대의 포크 음악을 만들어 냈는데요. 영미권의 포크 음악은 다른 나라에서도 사랑받지만 한국의 민속 음악은 우리나라에서도 가끔 듣는 노래일 뿐이에요.

그렇다면 영미권의 포크 음악은 언제 어떻게 한국에 들어와서 한국의 대중음악이 되었을까요? 밥 딜런이 좋아했던 우디 거스리나 밥 딜런의 음악은 어떤 영향을 미쳤을까요? 영미권에서도 포크 음악이 본격적으로 인기를 끌었던 시대는 1960년대인데요. 이때 한국에서는 일제 강점기 일본을 통해 전해진 트로트 음악이 가장 많은 사랑을 받았어요. 한국 사람들은 일제 강점기, 해방, 분단, 한국 전쟁으로 이어진 고달픈 역사를, 트로트 음악에 담긴 슬픔으로 위로하곤 했답니다. 그리고 1960년대부터는 영미권의 팝 음악이 본격적으로 알려졌어요. 미군들이 머물던 주둔 지역의 클럽이나 미군 방송, 영화, 라디오 등을 통해 영미권의 팝 음악이 퍼지기 시작했는데요. 1960년대 후반에는 영미권의 팝 음악과 함께 당시 인기 있던 포크 음악도 한국에 소개되었어요.

## 젊은 세대의 감성을 대변하다

한국에 포크 음악이 들어와 퍼질 수 있었던 건 단지 영미권에서 포크 음악이 히트했기 때문만은 아니에요. 세계적인 유행을 무시할 수는 없지만 세계의 유행이 한국에서 항상 똑같이 반복되지는 않거든요. 한국에서 포크 음악이 자리를 잡게 된 건 더 젊은 세대들이 나타났기 때문이에요. 한국 전쟁 이후에 태어난 젊은 세대들은 트로트를 좋아한 윗세대와 정서가 다르고 생각도 달랐답니다. 음악을 듣는 취향도 달랐어요. 지금 젊은 세대들이 일렉트로닉 음악과 힙합 음악을 좋아하는데, 부모님 세대들은 그다지 좋아하지 않는 것과 마찬가지예요. 왜냐하면 당시 젊은 세대들은 도시에서 자라고, 전쟁과 심한 배고픔을 겪지 않고, 영미권의 문화에 익숙했기 때문이에요. 한국 전통음악이나 트로트는 이들의 정서에 맞지 않았어요. 반면 포크 음악은 트로트처럼 감정을 과장하거나 터트리기보다는 담담하게 노래하는 편이어서 세련되고 지적인 느낌을 주었고요. 해외 포크 뮤지션들처럼 한국의 포크 뮤지션들도 청

통기타와 청바지가 젊음의 상징이던 시절,
가수 양희은의 앨범 재킷

바지의 소박한 패션을 하고 자연스러운 목소리로 노래해서 순수하다는 이미지를 만들어 냈어요. 이들의 노래는 기성세대들이 좋아한 노래와는 달리 꿈과 낭만, 진실과 자유를 노래하면서 대학생을 비롯한 젊은 학생들의 호응을 받았어요.

세상의 모든 젊은 세대는 늘 기성세대와 다른 삶을 꿈꾸곤 하는데요. 아직 세상에 덜 길들여지고 더 꿈 많은 젊은 세대의 마음과 포크 음악이 서로 잘 맞은 거죠. 덕분에 한국의 포크 뮤지션들은 1960년대 후반부터 1970년대 초중반까지 젊은 세대를 대변하는 음악으로 자리 잡았어요. 지금의 아이돌 음악이나 힙합 같은 역할을 했다고 할 수 있겠네요.

### 통기타, 생맥주, 청바지······ 그 시절 포크 물결

당시의 한국 포크 뮤지션들은 밥 딜런, 우디 거스리, 조안 바에즈처럼 자기가 만든 노래를 직접 불렀어요. 자기가 하고 싶은 이야기, 젊은 세대가 하고 싶은 노래를 어쿠스틱 기타 연주에 맞춰 노래하면서 다른 사람이 만든 노래를 부르기만 하는 가수와는 다른 스타일의 뮤지션이 있다는 걸 보여 주었죠. 김민기, 김세환, 김정호, 박인희, 방의경, 서유석, 송창식, 양병집, 양희은, 윤형주, 이연실, 이장희, 한대수 같은 포크 뮤지션들은 순수한 세계를 원하고 자유로운 삶을 그리

1970년대 음악 감상실 '세시봉'에서 활동했던
포크 뮤지션들의 추억이 담긴 앨범 재킷

는 마음을 노래했어요. 김민기의 〈아침이슬〉, 송창식의 〈고래사냥〉, 한대수의 〈물 좀 주소〉가 바로 그런 마음을 담은 대표적인 노래예요.

처음에 이들은 영미권의 포크 음악을 따라 부르기도 했고요. 영미권의 포크 음악 가사를 바꿔서 부르기도 했어요. 양병집은 밥 딜런의 노래 〈Don't Think Twice, It's All Right〉를 〈역(逆)〉이라는 제목으로 바꿔 불렀답니다. 이 노래는 훗날 김광석이 〈두 바퀴로 가는 자동차〉라는 제목으로 리메이크하기도 했죠. 한국의 포크 음악은 처음에는 영미권의 포크 음악을 흉내 내면서 만들어졌지만 차츰 창작곡을 만들면서 자신들의 이야기를 하기 시작했어요. 다른 대중음악 장르들처럼 영미권의 장르가 한국으로 와서 새로운 장르, 새로운 노래가 태어나게 된 거죠. 언어는 달랐지만 포크 음악에 담는 마음과 정신은 다르지 않았어요. 한국의 포크 뮤지션들이 스타일만 따라하지 않고, 포크 음악의 정신도 함께 담으려고 노력했기 때문이에요. 지금처럼 인터넷으로 쉽게 음악을 들을 수 없고, 내한 공연도 거의 없던 시대에 몇 곡의 음악을 듣고 한결같은 창작곡을 만들어 낸 건 대단한 능력이에요. 이 또한 음악의 힘이라고 할 수 있을 텐데요. 특히 김민기와 한대수가 만든 창작곡이 많은 영향을 미쳤다고 해요.

포크 음악은 통기타 카페, 생맥주, 청바지 등과 함께 대도시 학생들을 중심으로 청년 세대의 문화, 이른바 청년 문화가 되었어요. 함께 모이는 공간, 함께 즐기는 문화, 함께 입는 패션과 함께 포크 음악은 한 세대를 대변하는 문화적 상징이 된 거예요. 사실 음악은 이렇게 특정 세대나 지역, 젠더, 라이프스타일을 대표하면서 사랑받는 경우가 많아요. 펑크 음악과 펑크 패션, 펑크족이 대표적인데요. 음악 중에는 나이, 지역, 성별을 초월해서 사랑받는 '국민 가요'도 있지만 특정 세대, 지역, 성별, 취향에서만 인기를 얻는 경우가 더 많아요. 예를 들어 1990년대에 젊은 세대들만 서태지와 아이들이나 H.O.T.를 열광적으로 좋아했다는 사실을 봐도 알 수 있어요. 지금이라면 방탄소년단이나 엑소가 젊은 세대를 대표한다고 할 수 있겠죠.

그런데 당시 젊은 세대를 대변한 포크 음악을 마음에 들어 하지 않는 이들도 있었어요. 단지 취향이 다른 어른들이 아니었어요. 박정희 정부는 자유롭게 꿈꾸며 순수를 노래하는 포크 음악을 좋아하지 않았어요. 이들은 국민이 그저 정부가 시키는 대로 똘똘 뭉쳐 열심히 일만 하기를 바랐는데, 포크 음악은 자유로움을 이야기하고 현실의 문제점을 표현하기도 했으니까요. 실제로 미국에서는 밥 딜런, 조안 바에즈 같은 뮤지션들이 시위에 함께하면서 큰 영향력을 보여 주었으니까요.

그래서 당시 박정희 정부에서는 삐딱한 생각을 하게 만드는 포

밥 딜런 같은 뮤지션을 꿈꾼다면

크 뮤지션들의 입을 강제로 틀어막아 버렸어요. 대표적인 포크 음악들을 금지곡으로 정해서 듣지 못하고 부르지 못하게 해 버린 거예요. 음반도 압수하고 뮤지션들도 활동을 하지 못하게 했어요. 변변한 이유도 없이 갑자기 그렇게 해 버렸어요. 사람들이 포크 음악을 들으면서 비판적인 생각을 하거나 저항하지 못하게 막은 거예요. 그때 뮤지션들이 대마초를 피웠다는 핑계로 처벌한 것도 같은 이유 때문이라는 주장도 있어요. 표현의 자유가 있다고 아무 노래나 불러도 되는 건 아니지만, 문제가 없는 노래를 부르지 못하게 하고 듣지 못하게 만드는 건 옳지 않은 일이죠. 독재 정부에서나 할 수 있는 일이고, 그래서 이제는 박정희 대통령을 독재자라고 불러요.

그저 노래만 불렀는데 활동을 금지당한 포크 뮤지션들은 몸도 마음도 힘들어졌어요. 1970년대 초반에는 좋은 포크 음악들이 많이 만들어지고 히트하고 있었는데 정부가 개입하면서 활동을 못하게 되니 힘들 수밖에요. 그래서 한대수 같은 포크 뮤지션들은 외국으로 떠나기도 하고, 김민기는 다른 사람 이름으로 작품을 발표하기도 했어요. 정부가 더 좋은 음악이 나올 수 있게 돕기는커녕 오히려 방해하고 못하게 막은 거나 마찬가지예요. 시간이 흐른 뒤 포크 뮤지션들은 다시 활동을 하게 되었지만 한동안 쉬다 보니 예전만큼 인기를 얻지는 못했고요. 그새 유행도 바뀌었어요. 한국도 미국의 포크 음악이 1970년대 이후 큰 사랑을 받지 못한 것과 똑같은 상황이 된 거죠.

## 홍대 인디 신으로 이어진 포크의 명맥

그렇다고 포크 음악이 사라지지는 않았어요. 포크 음악을 좋아하게 된 이들은 계속 포크 음악을 좋아했고요. 새로운 뮤지션들이 새로운 곡을 발표했으니까요. 다만 1970년대 초반만큼 새로운 포크 뮤지션들이 쏟아지지 않았고, 크게 히트하는 곡이 나오지 못했을 뿐이에요. 혼성 중창단으로 활동한 해바라기, 한국의 음유 시인 같은 노래를 들려 준 정태춘, 40여 년 동안 거장으로 활동한 조동진 같은 뮤지션들이 1970년대 말에 등장해 개성 있는 노래를 들려주었어요. 한국 대중음악사에 길이 남을 명곡들이 이어졌죠.

한편 1970년대 말에는 몇몇 대학 통기타 노래 동아리들이 현실 비판적인 노래들을 부르면서 포크의 비판 정신을 계승했어요. 이 흐름은 1980년대부터 민중가요라는 운동으로 폭발했어요. 민중가요는 노래의 역할 중에서 현실 비판적인 역할을 강하게 부각시킨 음악인데요. 1980년대부터 정부와 자본주의 체제에 반대하는 이들은 민중가요를 만들고 부르면서 더 평등하고 자유로운 세상을 염원했어요. 1970년대 포크 음악의 비판 정신이 더 급진적으로 발전하면서 사회를 흔들었다고 할 수 있죠.

밥 딜런 같은 뮤지션을 꿈꾼다면

1980년대에는 대학가와 음악 감상실, 라이브 공연장 등을 중심으로 다양한 포크 음악들이 이어졌어요. 자신의 내면을 들여다보고 성찰하고 고뇌하는 포크 음악, 세상의 순수와 정의를 위해 싸우는 포크 음악, 그리고 누구나 좋아할 수 있는 포크 음악들이 꾸준히 사랑받았어요. 포크 음악의 결이 다양해진 거예요. 노래를 찾는 사람들, 동물원, 시인과 촌장, 어떤 날, 정태춘, 해바라기가 대표적인 1980년대의 포크 뮤지션들이에요. 1980년대 포크는 한국 대중음악의 르네상스였던 1980년대 한국 대중음악을 풍성하게 채우는 역할을 톡톡히 했죠. 비록 변방에 있었지만 누군가에게 포크 음악은 음악의 중심이었을 거예요.

하지만 1990년대에는 서태지와 아이들을 비롯한 아이돌 뮤지션

대구 김광석 거리에 있는 김광석 동상
©Choi2451

들이 폭발적인 인기를 끌면서 포크 음악의 목소리는 더 작아졌어요. 이때 한국의 포크 음악을 거의 짊어지다시피 한 뮤지션들이 바로 김광석, 안치환, 여행스케치 같은 젊은 싱어송라이터들이에요. 노래를 찾는 사람들에서 함께 활동하기도 했던 김광석, 안치환은 이전 포크 음악들처럼 건강하고 진실한

시선과 목소리의 힘으로 1990년대에도 좋은 포크 음악을 들을 수 있게 해 주었죠.

1990년대 말 포크 뮤지션들은 서울 근교 라이브 카페에서 옛 히트곡을 다시 부르기도 하고, 시인들과 함께 시노래를 만들어 부르기도 했어요. 그리고 서울특별시 마포구 홍익대학교 앞에서 싹튼 인디 신의 젊은 포크 뮤지션들은 좀 더 모던한 포크 음악을 들려주었어요. 해외 모던 포크에서 영향을 받은 이들은 깔끔하고 세련된 언어로 개인적인 고백을 담아냈어요. 혼자 들으면서 빠져들기 좋은 포크 곡들을 내놓는 포크 뮤지션들이 계속 등장하면서 한국의 포크 음악은 2000년대로 건너갈 수 있었어요.

2000년대 한국의 포크 음악은 인디 신에서 특히 돋보이는 활동을 보여 주었는데요. 김목인, 소규모아카시아밴드, 시와, 오소영, 이아립, 이장혁, 플라스틱 피플, 하이미스터메모리, 한희정 등의 뮤지션들은 포크와 직간접적으로 연결된 음악들을 만들고 부르면서 음악 팬들을 홍익대학교 앞 라이브 클럽과 카페로 불러들여 인디 신을 튼튼하게 하는 데 일조했고요. 2010년대 강아솔, 권나무, 김사월, 김해월, 윤영배, 이랑, 이영훈, 정밀아, 최고은을 비롯한 새로운 포크 뮤지션들이 등장할 수 있는 기틀을 닦았어요. 한편 1980년대부터 활동해 온 김두수와 장필순은 갈수록 원숙한 음악 세계로 나아갔답니다. 덕분에 한국대중음악상에서도 2015년부터 포크 부문을 신설했죠. 자연스러운 소리로 진지한 마음을 노래한 포크 음악은 인공의 소리들이 대세가 되면서 오히려 더 주목받았고요. 테크놀로지의 발전과 맞물려 자신의 이야기를 자신의 목소리로 노래하는 싱어송라이터가 가장 먼저 선택하는 장르가 되었어요. 포크 음악은 아니지만 10cm처럼 어쿠스틱한 팝 음악이 인기를 끄는 분위기도 이어지고 있어요.

한국에 포크 음악이 들어온 지 거의 50여 년이 되는 동안 인기는 변화무쌍했어도 포크 음악 자체가 멈춘 적은 없어요. 이제 한국의 포크 음악은 한국 대중음악의 한 장르로 소박하게 이어지는 중이에요. 우리는 앞으로도 좋은 포크 음악을 계속 들을 수 있을 거예요. 포크 음악을 듣고 반한 누군가가 지금 기타를 만지며 근사한 노래를 만들고 있을 테니까요.

# 음악에 빠져들게 하는 영화와 책들

　음악을 듣거나 공연을 보지 않아도 음악을 듣고 뮤지션을 만날 수 있습니다. 영화를 보고 책을 읽으면 됩니다. 영화와 책은 음악을 다르게 보고, 더 깊게 생각할 수 있도록 도와줍니다. 한 편의 영화, 한 권의 책은 음악처럼 한 사람의 삶을 바꾸기도 합니다.

　음악 영화는 대개 음악이나 음악인 이야기에 집중합니다. 음악을 하는 가상의 이야기를 펼치거나, 실제 음악인의 삶을 영화로 재현합니다. 음악을 하기 위해서는 많은 준비가 필요하고, 음악을 하다 보면 이런저런 일들이 생기기 때문에 드라마틱합니다. 음악 영화는 드라마와 음악을 직접 연결하기 때문에 음악의 힘을 극대화할 수 있습니다. 그리고 실제 음악인의 삶을 담은 영화는 그와 그녀의 삶과 음악을 되새기면서 빠져들거나 추억하고 그리워하게 합니다. 팬이라면 더더욱 그렇습니다. 계속 음악 영화를 만드는 이유입니다.

　그중에서 여러분과 함께 보면 좋을 음악 영화들을 골라 봅니다. 이 영화들을 보면서 음악의 가치와 의미, 음악인으로 사는 삶에 대해 생각해 봤으면 합니다. 머리를 식힐 때 봐도 좋고, 진지하게 봐도 좋습니다. 음악을 하거나 하지 않거나 계속 다시 봐도 좋을 영화들입니다.

### 〈스코어: 영화 음악의 모든 것〉

초창기 영화는 음악을 담을 수 있는 기술이 없어 영화에 맞춰 직접 연주하거나 극장에서 음향 효과를 냈다는데요. 다행히 기술이 발전하면서 음악과 음향을 녹음해 영화와 함께 상영할 수 있게 되었습니다. 영화 음악을 주제로 한 영화 〈스코어: 영화 음악의 모든 것〉을 보면 영화 음악이 얼마나 중요한 효과를 불어넣는지, 좋은 영화 음악이 얼마나 많은지, 영화 음악은 어떻게 만드는지 알 수 있습니다. 꼭 봐 둘 만한 영화입니다. 음악가가 되고 싶다면 영화 음악가가 되어도 좋겠죠.

### 〈원스〉

〈원스〉는 밥 딜런처럼 통기타를 치면서 노래하는 포크 뮤지션이 주인공인 픽션 영화입니다. 2007년 제천국제음악영화제를 통해 국내 개봉했고, 실제 뮤지션인 글렌 핸사드Glen Hansard와 마르게타 이글로바Marketa Irglova가 주연을 맡았습니다. 아일랜드 더블린에서 음악하는 아마추어 음악인들의 꿈과 사랑, 고민을 극화한 영화에는 버라이어티한 사건이 없습니다. 음악인에게 보통 있을 법한 일들이 천천히 펼쳐집니다. 그럼에도 이 영화에 빠져들게 됩니다. 두 주인공 뮤지션들이 진실한 마음을 감동적인 노래로 표현했기 때문입니다. 원스의 노래들은 어쿠스틱 포크의 매력을 자연스럽게 보여 줍니다. 더 화려하고 현란한 연주가 넘치는 시대에 원스는 화려하고 현란하지 않아도 충분하다고 나지막한 노래로 말합니다. 그래서 노래와 영화 모두 사랑받았습니다.

### 〈스쿨 오브 록〉

〈원스〉가 잔잔한 영화라면 〈스쿨 오브 록〉은 시끌벅적합니다. 록 음악을 하기 때문에 시끌벅적한 게 아닙니다. 훗날 〈비포 선라이즈〉 시리즈를 찍은 감독 리처드 링클레이터Richard Linklater는 코믹

연기에 발군의 재능을 가진 배우 잭 블랙 Jack Black과 함께 요절복통 소동극을 만들었습니다. 열정 넘치는 로커 듀이 핀으로 나오는 잭 블랙은 친구와 학교를 속이고 친구 대신 초등학교 보조교사가 됩니다. 그리고 어린이들이 록 음악에 흠뻑 빠지게 만들어 버립니다. 영화에는 록 음악의 명곡들이 수시로 나와서 록 마니아들을 즐겁게 하고요. 특히 잭 블랙의 신들린 코믹 연기로 록 음악의 매력을 유쾌하게 보여 줍니다. 실제로 록 밴드 테네이셔스 디 Tenacious D 활동을 하는 잭 블랙은 또 다른 영화 〈사랑도 리콜이 되나요〉에서도 못 말리는 음악광으로 종횡무진합니다.

〈8마일〉

힙합 뮤지션 에미넴Eminem이 직접 주인공을 연기했습니다. 영화는 쇠락한 공업 도시 디트로이트를 배경으로 펼쳐지는데요. 가진 건 꿈뿐이고, 현실은 시궁창인 주인공이 힙합을 포기하지 않는 모습을 보여 줍니다. 힙합은 그가 현실을 견디게 해 주는 힘이자, 삶을 표현하는 방식입니다. 그는 동네 힙합 클럽에서 랩 배틀을 하면서 실력을 키우

고, 자신을 무시하는 이들에게 통쾌하게 한 방 먹입니다. 이 영화
는 힙합과 음악이 얼마나 한 사람에게 간절한 의미가 되고, 진실
한 삶의 이야기가 될 수 있는지 보여 줍니다. 에미넴의 랩 실력을
확인할 수 있다는 점도 매력입니다. 영화를 보고 나면 그의 대표
곡 〈Lose Yourself〉가 더 묵직하게 느껴집니다.

### 〈로큰롤 인생〉

다큐멘터리인 이 영화의 원래 제목은
'Young@Heart', 즉 'Young At Heart(마음은
청춘)'입니다. 미국 노스햄튼 출신의 노년층
합창단 이름인데요. 이 합창단은 이름처럼
과감하게 밥 딜런, 라몬스Ramones, 라디오헤
드Radiohead, 롤링스톤스Rolling Stones, 콜드플레이Coldplay 같은 유명 록 뮤
지션들의 노래를 합창합니다. 물론 처음에는 박자를 못 맞추고,
가사도 외우지 못합니다. 하지만 이들은 도전하고 도전해서 결국
해내고 맙니다. 공연을 준비하는 사이 나이 많은 단원이 세상을
떠나도 슬픔 속에서 최선을 다해 노래하는 모습은 가슴 뭉클한 감
동을 줍니다. 이 영화는 마지막까지 음악과 함께 자신의 삶을 성
실하게 살아가는 이들의 모습을 보여 줍니다. 어떻게 살아야 하는
지 생각하게 만듭니다. 그리고 음악이 노래하는 사람, 듣는 이들

의 삶과 만나 얼마나 더 풍부하고 깊어질 수 있는지 보여 줍니다.
손수건을 곁에 두고 봐야 할 인생 영화입니다.

〈앙코르〉

세계적인 컨트리 뮤지션 자니 캐시Johnny Cash
와 준 카터June Carter의 삶을 극화한 이 영화
에는 두 사람이 불렀던 컨트리 명곡들이 그
득합니다. 주연배우 호아킨 피닉스Joaquin
Phoenix와 리즈 위더스푼Reese Witherspoon은 실제
뮤지션이라고 해도 믿을 만큼 뛰어난 연기
력과 가창력으로 관객들을 매료시킵니다. 대중음악의 명곡이자
히트곡이었던 두 사람의 노래가 흐를 때 우리는 컨트리 음악의 매
력에 빠져듭니다. 음악 영화에서는 배우가 얼마나 뮤지션 역할을
잘 해내는지가 중요한데요. 두 배우의 연기와 노래는 수많은 음악
영화들 중에서도 손꼽을 만합니다.


〈싱 스트리트〉

영화 〈원스〉와 〈비긴 어게인〉을 찍은 존 카니John Carney 감독의 또
다른 음악 영화 〈싱 스트리트〉는 청춘 영화입니다. 남자 주인공
코너는 라피나에 반해 밴드 싱 스트리트를 결성하고 음악을 시작

합니다. 젊은 주인공이 좋아하는 상대를 매
혹시키기 위해 음악을 하면서 벌어지는 해
프닝을 담은 음악 영화는 꽤 많습니다. 무
대에서 음악을 하는 사람은 멋있어 보이게
마련이니까요. 그들은 1980년대 뉴웨이브,

로큰롤, 브릿팝 스타일의 노래를 만들고 연
주하면서 음악에 빠져듭니다. 이 영화는 싱 스트리트가 모델로 삼
은 밴드들의 음악과 패션을 따라가는 재미가 있습니다. 어디에나
있는 청춘의 고민에 공감하는 재미가 있습니다. 당시를 살았던 이
들에게는 그리움을 주고, 당시를 몰랐던 이들은 그 옛날 밴드 음
악을 들으며 자신의 청춘과 비교하게 하는 영화입니다. 발랄하고
신나는지만 의외로 쌉싸름하기도 한 영화를 직접 확인해 보세요.

　영화를 이 정도 봤다면 이제 책을 읽을 차례입니다. 영화보다 책
이 더 많다고 할 정도로 음악에 대한 책은 많습니다. 우선 고전 음
악 클래식, 대중음악, 한국 전통 음악 분야에서 실기를 가르쳐 주
는 책이 무척 많죠. 하지만 여기서는 실기에 대한 책 외에 음악 역
사와 장르, 뮤지션 등에 대한 책들을 몇 가지 소개하고 싶네요. 이
책들은 모두 곁에 두고 생각날 때마다 들추어 볼 만한 책입니다.
책에 손때가 묻는 만큼 여러분들의 감각과 안목도 깊어지겠죠. 이

책과 영화들이 여러분의 삶과 음악 생활에 다정한 길잡이가 되기 바랍니다.

### 《대중음악 히치하이킹하기》

권석정, 백병철, 서정민갑, 김상원 지음 | 탐 | 2006

음악 전문가들이 댄스 음악, 록, 블루스, 포크, 흑인 음악에 대해 설명한 책입니다. 이 책은 쉽습니다. 쉽게 읽으면서 소개된 음악을 QR코드로 찾아 듣다 보면 각 장르가 어떻게 생기고 어떻게 발전했는지 알게 됩니다. 음악을 잘하려면 자기가 좋아하는 장르의 역사 정도는 알고 있어야 합니다. 그 밖에도 가급적 많은 음악을 찾아 들을 필요가 있습니다. 자신이 좋아하는 장르가 아니더라도 대략 어떤 음악이 있는지 정도는 알고 있는 게 좋습니다. 이 책은 교양으로 대중음악을 두루두루 알고 싶은 이들이 맨 처음 읽기 가장 좋은 책입니다. 이 책부터 시작한다면 실패하지 않을 것 같네요.

### 《대중음악의 이해》

김창남 엮음 | 한울 | 2018

대중음악을 만들고 완성한 다양한 영역을 설명한 책입니다. 음

악은 멜로디와 리듬, 사운드 같은 소리 예
술이면서 기술, 세대, 정치, 젠더, 지역 등
의 가치가 맞물린 예술입니다. 그래서 음악
을 이해하기 위해서는 음악을 듣기만 해서
는 안 됩니다. 음악을 듣기만 한다면 가령
인터넷이 어떻게 음악을 바꿨는지와 같은

흐름은 알 수가 없죠. 이 책은 테크놀로지를 비롯한 다른 영역의
가치와 변화가 음악에 어떤 영향을 미쳤는지 알게 해 줍니다. 더
깊이 음악을 이해할 수 있게 해 줍니다. 세상 모든 일들이 서로 영
향을 미치는데 음악 역시 마찬가지입니다.

## 《미국 대중음악》

래리 스타, 크리스토퍼 워터먼 지음 | 김영대, 조일동

옮김 | 한울아카데미 | 2018

전 세계 대중음악에 가장 막대한 영향을
미친 미국 대중음악의 역사를 설명한 책입
니다. 현대 대중음악의 가족 사진 같은 책

이라고 할 수 있는데요. 두꺼운 책이고, 어렵게 느껴질 수 있는 책
이지만 차근차근 읽고 찾아서 듣다 보면 지금 듣고 있는 음악이
어떻게 지금 같은 음악이 되었는지 알 수 있습니다.

## 참고 도서

- 《대중음악 히치하이킹하기》, 김상원·권석정·백병철·서정민갑·이수정 지음, 탐, 2015
- 《모던 팝 스토리》, 밥 스탠리 지음, 배순탁·엄성수 옮김, 북라이프, 2016
- 《미국 대중음악》, 래리 스타·크리스토퍼 워터먼 지음, 김영대·조일동 옮김, 한울아카데미, 2018
- 《밥 딜런: 시가 된 노래들 1961–2012》, 밥 딜런 지음, 서대경·황유원 옮김, 문학동네, 2016
- 《밥 딜런, 아무도 나처럼 노래하지 않았다》, 구자형 지음, 북바이북, 2016
- 《바람만이 아는 대답》(밥 딜런 자서전), 밥 딜런 지음, 양은모 옮김, 문학세계사, 2016
- 《밥 딜런 평전》, 마이크 마퀴스 지음, 김백리 옮김, 실천문학사, 2008
- 《음유 시인 밥 딜런》, 손광수 지음, 한걸음더, 2015
- 《한국 팝의 고고학 1960》, 신현준·이용우·최지선 지음, 한길아트, 2005
- 《한국 팝의 고고학 1970》, 신현준·이용우·최지선 지음, 한길아트, 2005